SOMOS LA LOCOMOTORA DE LA CORRUPCIÓN DE LA UE

VOLUMEN 1

MANUEL IBÁÑEZ ROLDÁN

Titulo: Somos la locomotora de la corrupción de la UE

Autor: Manuel Ibáñez Roldán.

Nº Páginas:258

⊜   Registrado en Safe Creative.

©   Todos los derechos reservados.

ISBN-13: 978-1517524135

ISBN-10: 151752413X

Maquetación y portada: David Manuel Ibáñez Dolader.

PRÓLOGO

Este libro es el primero de una trilogía, cuya trilogía es una recopilación de manifiestos o escritos con tintes políticos, que he realizado durante los tres últimos años a través de mi blog: www.tuyyolomismo.blogspot.com.es.

Cada reflexión, cada relato o crítica hay que entenderla en el momento político y social en el que se iban conociendo los hechos. Es por ello, que junto al título de cada uno de los escritos recogidos, he incluido la fecha de cuando los confeccioné. De esta forma, el lector vinculará con más claridad lo que lee con lo sucedido y, por tanto, con lo que sentía un ciudadano de a pie.

En otros escritos hallará el lector sugerencias o posibles soluciones, que me he atrevido a imaginar, a los problemas que nos han venido impuestos con los mandatos de Europa.

También podrá encontrar contenidos que nacieron del deseo personal, como la declaración ficticia de rectificación, de todo lo que venía haciendo, de nuestro Presidente el Sr. Rajoy o, en el siguiente volumen: la petición a los queridos Reyes Magos.

No puedo decirles que no estoy involucrado en lo que van a leer, pues todo es producto de mis sentimientos y mis pensamientos con respecto a lo que nos ha tocado vivir con esta falsa crisis.

NO MÁS DESGRACIAS - 13/02/2013

Ayer, dos personas mayores se quitaron la vida, entregaron su bien más preciado ante una situación que debieron interpretar de situación límite. Estaban a la espera de ser notificados, de ser "invitados" a abandonar su domicilio. Iban a ser desahuciados por alguna entidad bancaria, que amparada en una retrograda ley hipotecaria, apoyada por los políticos, se mantiene con vida gracias a la respiración asistida.

Los señores del congreso, pertenecientes a partidos deudores de aquellos bancos, a los que les han condonado deudas, están condenados y obligados a forzosa obediencia. Es por ello, que les hayan procurado meter en sus arcas miles de millones de euros, procedentes de Europa, con cargo al gobierno de España y por ende a todos los españoles, que no hicieron nada para encontrarse con una deuda ajena.

Como deben tanto los partidos, tienen que estar agradecidos, callados, y obedecer. Ya se inventarán otra situación de alarmismo financiero, y volverán los políticos que gobiernen a reclamar más dinero para sus señores los banqueros.

¡Europa abre los ojos y los oídos!, ¡Europa vigila bien de cerca cómo se distribuye el dinero y qué se hace con él!, no vaya a ser que la casa medio en ruinas falsee los cimientos de las casa adyacentes.

No obstante, no digamos: "De perdidos al río", ni hay que caer en la tendencia negativa de que nada vale, de que no hay nada que hacer, o que hacer algo es inútil y cosas por el estilo. Precisamente es al contrario, todo está por hacer. Hemos caído, pero no nos vamos a quedar tirados en el suelo por los tiempos de los tiempos, amén.

Este es un buen momento, me refiero al actual, a estos días, para pensar en nuevas metas, para hacer nuevos proyectos, para reconstruir sobre lo que es válido, para innovar lo que es inservible, para inventar lo nuevo, para sorprenderse y sorprender a los demás. Es tiempo para dejar atrás los miedos, para ser más positivos, para creer en el potencial que tenemos como seres humanos y en los recursos que como tales tenemos.

No se puede consentir que la única salida de las personas, afectadas por estos tiempos de salvaje capitalismo, sea la muerte, el suicidio por impotencia, miedo y desamparo. Los gobiernos deberían decir mucho más en este tema, antes que tirar personas a la calle, como si de animales se tratara. Tal desamparo solo puede hablar muy mal de un gobierno de España que sigue jugando a Europa, mientras la gente del pueblo pierde el empleo, no tiene ingresos en muchos casos, pasa hambre, no vive y pierde sus derechos a cada minuto.

No debe ocurrir más, no hay que pagar con la vida porque algunos se han interpuesto en el camino de los rayos de luz, ellos han quedado ciegos y no permiten que la luz llegue a los demás. Este es un momento para estructurar una sociedad equitativa, justa, que atienda la demanda de su gente. Hay que nacer de nuevo como sociedad, porque el modelo actual está agotado, vencido y no vale seguir apuntalando un edificio que se viene abajo.

Estoy empezando a sentir de veras que este es un momento único. En mi existencia, en mis años vividos no he conocido, sentido o padecido un periodo de crisis similar al actual; y es por ello que es un momento ideal para el cambio, siento que hay poder, lo dejo ahí.

¿A dónde vamos, a dónde nos lleva?, no lo sé, pero presiento que se va a abrir un momento de oportunidades y potencialidades en todos los sentidos. Puede ser genial, así que estemos atentos y con la disposición o actitud adecuada.

¿QUIÉNES NOS DIRIGEN? - 17/02/2013

Puede ser que ciertas personas, o ciertos grupos de personas, hayan estructurado un plan para desmembrar la sociedad del bienestar, para hacernos caer en la pobreza, para hacernos perder todos los derechos, y para que el miedo se instale en nuestras cabezas.

Aunque eso fuera real y esté sucediendo, no podemos permitir que la inseguridad se apodere de nosotros. Tenemos que reaccionar, el vuelco ha sido de

270º, dejemos un margen al error, voy a consentir mi posible equivocación y no mencionaré que el vuelco representa 360º. Pero que nos han hecho la puñeta sí, que hablaron los empresarios y en nombre de ellos su presidente, que también lo hizo el Gobernador del banco de España, y todo cuanto proponían era trabajar más, ganar menos, elevar la edad de jubilación y abaratar el despido. En definitiva, que los empresarios pudieran despedir con más facilidad y a un menor coste para ellos y, que los trabajadores trabajaran más por menos dinero, porque así seríamos más competitivos.

Esa era la solución para crear puestos de trabajo, pero se les olvidó concluir la frase: crear puestos de trabajo precarios, o cubiertos con empleados que cobren menos sueldos. Con esta medida han ido a la calle muchas personas de cuarenta y tantos o cincuenta años, y los empresarios han podido despedir empleados, con muchos años de antigüedad, por pocos euros. Al mismo tiempo, si han tenido necesidad de cubrir esos puestos de trabajos, lo han hecho con personas jóvenes a los que le pagan un tercio del salario del que fue despedido.

¿Dónde está la estrategia de creación de puestos de trabajo de estos señores: El Presidente de los empresarios y el Gobernador del banco de España? El Gobierno atendió fielmente aquellos dictados que ha llevado al país a los seis millones de desempleados. Posteriormente, hemos visto como el Sr. Díaz Ferrán fue imputado por delincuente, y como el Gobernador del Banco de España anda teniendo que dar explicaciones en los juzgados, porque su permisividad con las entidades bancarias que mayores agujeros han hecho en el sector financiero, a las que se les ha tenido que ayudar cuando no se tendría que hacer; fue absoluta tal como si uno mira hacia otro lado.

A pesar de todo, nosotros tenemos nuestro propio potencial, es un potencial interno nuestro que debemos administrar sabiamente y dirigir hacia donde intuyamos que debemos caminar. Fijemos nuestros objetivos, vayamos por derecho, no aflojemos el paso; porque esta gente nos ha demostrado que no vale nada, que nada bueno tienen en sus cabezas, por lo que no pueden ser, y no van a ser los que nos saquen de ningún sitio.

Vemos que unos tras otros van cayendo en los mismos errores, en los mismos actos egoístas, se pringan ellos solitos, caen por su propio peso. Esquivan cuanto pueden, cuanto le dejan, pero a veces el tren les pilla, y esto siempre va a suceder tarde o temprano. No nos sirven, parece que estudiaron para saber saquear en lugar de construir progreso. Si es abogado emplea su conocimiento para eludir la justicia, si es economista para engañar a Hacienda o hacer planes para ello, etc., etc.

Otros señores sin estudios, o con estudios nada acordes con sus cargos, como ejemplo, cuántas veces hemos tenido un Ministro de sanidad que nada sabe de medicina, y así en cualquiera de los ministerios. Esto es frecuentísimo, cuando para acceder a cualquier puesto de trabajo en la calle te piden una o dos titulaciones, si es posible que sean licenciaturas, que hables dos o tres idiomas, que te manejes con varios programas técnicos, etc. ¿Qué le piden a un aspirante a alto cargo del mundo político?, ¿haber militado mucho tiempo en un partido?

Si no se conoce una materia, difícilmente se puede ser brillante en la ejecución de las funciones que requiere el cargo que se ostenta. Por eso, por tantos escándalos que da la clase política, los ciudadanos hemos perdido la fe en ellos, en sus normas, en sus recomendaciones, en sus leyes, y en su manera de gobernar. ¡Ya no nos sirven!, el sistema actual pide a gritos una sepultura digna. Está cansado, agotado, y quiere expirar.

AYUDA AL TRABAJO - 21/02/2013

Cómo podemos proyectar una sociedad inmediata futura, porque no sirve hablar de proyectos a largo plazo, puesto que hay muchas familias que necesitan comer, ya no hablo de otras cosas también necesarias pero que pueden pasar a un segundo plano.

La inmediatez se hace primordial en este momento, y a mi se me ocurre que la salida más rápida en estos tiempos en los que a muchos se les llena la boca hablando de autoempleo, emprendedores, etc. para que las personas se busquen un medio de vida, es la venta ambulante grabada con un pequeñísimo impuesto, y con una normativa sobre modos de ejercer, "con elegancia" si me lo permiten, tipos de escaparates en carritos con un cierto diseño y condiciones para que se adecuen a las calles de las ciudades y pueblos.

Hablo de carritos móviles pequeños con moderados expositores para exhibir sus productos, si llevan comidas o bebidas, equipados con pequeñas vitrinas de frio o reducidos frigoríficos, que se podrían alimentar a 12 ó 24 voltios con placas solares que podrían componer el techo del carrito.

Se trata de dejar de hablar que hay que emprender, porque aquí nadie mueve pieza, ni las ayudas son reales, ni los microcréditos llegan. Se mueven muchos papeles que no van a ninguna parte, ni aportan nada positivo a la persona que desea emprender. Es por eso que le doy vueltas, y como sucede en Estados Unidos que están los vendedores de comida rápida en las calles, nosotros podríamos promover esta faceta de venta ambulante, callejera, con muy poco costo, casi el preciso para comprar el producto que se quiere poner a la venta, y una pequeña aportación al ayuntamiento donde se esté trabajando.

Si no se deja vía libre a opciones como esta, más llevaderas y que debemos interpretar como un recurso para procurarse un sustento para poder vivir, cómo se va a ubicar a la cantidad de personas que están en situación de desempleo en la actualidad. Por otro lado, la cifra de personas desempleadas se incrementa cada día, pues estamos bajo el efecto dominó, y van cayendo las empresas unas tras otras, o bien están aprovechando para rentabilizarse, quedándose con el mínimo personal posible para aguantar el tirón.

La queja vendrá como siempre de los comerciantes establecidos en locales, que argumentarán tener muchos más gastos, pero no es lo mismo trabajar tirados en la calle, que tener unas instalaciones más confortables, ni se produce una imagen igual de favorable en los clientes potenciales. Este extremo tiene solución si los impuestos son equivalentes a las compras y las ventas de cada uno de estos comerciantes, así como a los aspectos que se han comentado; y una vez la proporción quede establecida de un modo justo, no debería incurrirse en reclamaciones ni de los unos, ni de los otros.

La gente no puede perder el trabajo, porque tiene obligaciones, casa, hijos, tal vez deudas contraídas, y hay que echarles una mano, facilitar el inicio de una actividad, poner algo en sus manos de lo que se responsabilicen, y que se convierta en su medio de vida. Tirado no se puede estar, sin ingresos tampoco, sentirse por obligación inservible es humillante. Que ningún empresario te quiera contratar porque eres demasiado joven, o por que ya pasas de los cuarenta no tiene sentido, porque tanto unos por su juventud abren las vías de la creatividad, del riesgo y del atrevimiento, que es innovar. Y los otros aportan una mayor experiencia, calidad y seguridad en el trabajo.

Los gobiernos se deben a sus ciudadanos, no a los partidos y no solo a sus votantes, y tienen la obligación de negociar vías de soluciones a los problemas de la población, y ya que oímos tanto como oímos, y hoy no deseo entrar en ello, que se estiren y faciliten los escaparates móviles a las familias sin ingresos, que les graben muy levemente, y que desde mañana si fuera posible muestren que los ciudadanos son importantes para ellos. Si siguen a lo suyo, y continúan sin mover ficha, insensibles a la situación actual, vuelvo a pedirles: que salgan con dignidad y que se vayan. Dejen paso a otras personas a las que si les importe la desgracia ajena, el dolor de los demás, y que deseen trabajar para aportar bienestar social a los ciudadanos.

HAY QUE COORDINAR - 22/02/2013

¿Habría posibilidad de que, por ejemplo en Europa, se ajustaran los estudiantes que saldrán titulados en cada especialidad, cada año, a los puestos de trabajo que se van a generar?, o dicho de otra forma: que se ajustaran, aproximadamente, las plazas de cada uno de los estudios que se oferten, año tras año, a las vacantes o nuevos puestos de trabajo en las empresas de Europa.

Yo al menos no entiendo que sigan saliendo titulados a la calle, cada año, y que no encuentren trabajo, pero no por la situación laboral actual, sino porque esta es la tónica general, desde hace años, que da lugar a que muchas personas tengan que trabajar en algo para lo que no se han formado.

Para prepararse cada una de esas personas, el Estado ha desembolsado un dinero considerable en los siguientes conceptos: mantener los centros de estudios, salarios del profesorado, compras de suministros, adquisición de mobiliario, equipos, etc. Todo ello tirado por la alcantarilla, siempre que esa persona titulada no ejerza la profesión para la que se formó; y no revierta en beneficios para la comunidad, en forma de progreso, competitividad, aporte en sanidad, educación, economía, etc.

Lo que apreciamos es que cada sector o parcela de la Administración es autónoma, pero no solo refiriéndome a la capacidad de tomar sus propias decisiones, sino que se desentiende del resto de la organización. Ya es hora de que exista una preocupación por coordinar la maquinaria gubernamental, social, empresarial, económica, etc. No vamos bien si cada cual tira de la manta hacia donde más le convenga, pues no vamos a llegar a ningún sitio.

Al igual que para que una persona sane hay que tratarla holísticamente: físicamente, mentalmente y espiritualmente; una sociedad solo puede estabilizarse cuando todas las fuerzas que interaccionan con ella tengan el objetivo común de obtener el bienestar de todos sus ciudadanos. Para ello hay que ser bueno, diría que es necesario sea el mejor en su especialidad, y como conocedor, profesional y experto del tema que trae entre manos, gestione y direccione siempre con el acuerdo previo de los expertos de los demás temas que nos afectan, y hacerlo desde el respeto, la humildad y la honestidad.

Es ahí, en ese punto donde se integraría cuanto venía diciendo anteriormente: la necesidad de ajustar la oferta de plazas de estudios al desarrollo empresarial, a la demanda de profesionales por parte de las empresas. También se podría educar o formar para ser emprendedor, dentro de la educación reglada, porque es necesario crear un tejido empresarial que crezca, que facilite nuevos puestos de trabajo, y que se les proteja frente a grandes corporaciones, para que cada cual tenga su espacio sin interferir en el del otro.

¡Hay tanto que hacer!, quizá porque se ha perdido el tiempo anteriormente, los intereses han estado dirigidos hacia otros asuntos, y tampoco voy a decir que nada se haya hecho, pues las cosas están ahí. Pero la sociedad no es estática sino totalmente dinámica, es cambiante, crece continuamente y las cosas que hoy molan, mañana son obsoletas, hay tendencias de ahora y tecnología que se toman el relevo con una velocidad casi impensable, y no pueden los dirigentes, si desean ser brillantes, dormirse en los laureles. Hay que proyectar continuamente nuevas vías para el desarrollo, para triunfar como personas, como sociedad, y mejorar en todo lo que representa calidad de vida, confort y bienestar; por supuesto trabajando todos para estar a la altura de las exigencias.

MOMENTOS ACTUALES - 02/03/2013

¿Cómo ven ustedes los momentos actuales? ¿Se sienten bien? ¿Temen que suceda algo fuera de control? Hago estas preguntas porque algo está aconteciendo, las estructuras sociales, económicas, políticas, y de todos los ámbitos hacen agua. Tenemos la imagen de que cada sector de la sociedad se ha fracturado.

Hemos llegado a un momento en el que hay un desencanto casi generalizado, en el que muchos miles de personas tienen la necesidad de protestar, de manifestarse ante lo que entienden son injusticias por las que se ven obligados a transitar. Es tan difundido el malestar y afecta a tantas parcelas diferentes, a tantos entes sociales, que podríamos decir que ha llegado un tiempo que demanda acciones diferentes.

¿Qué está ocurriendo?, pues que por los motivos que cada cual se crea, lo antiguo, lo anterior no se cambia, no se sustituye. Parece como si se tratara de un muro de contención que lucha denodadamente contra el flujo nuevo, que viene a instalarse para establecer, como dicen algunos, un nuevo orden. Pero hay demasiadas fuerzas resistiendo, y resistirse ante lo que está llamado a manifestarse por inercia natural, produce dolor y, esto, es de lo que todavía muchos no se han dado cuenta.

La ciudadanía está tan crispada que es fácil oír a personas indicando que esto tiene mala pinta, que puede desembocar en guerra, aunque como dicen otros la democracia está bien consolidada y tiene mecanismos para que no vuelva a suceder. No obstante, siempre queda la duda y, más aún, cuando algunos militares comienzan a proclamar la necesidad de acabar, por la fuerza, con las voces de quienes se manifiestan.

Lo que vaya a suceder, A o B será, y no tendremos más remedio que vivirlo. Lo que sean capaces de empezar algunos bajo los signos claros de la locura, no podremos, quizá, otros pararlo y, tendremos que sufrirlo. Estamos a merced de la locura de unos pocos que dirigen el futuro de muchos millones de personas y, solo, podemos pedir que aquellos puedan avanzar un pasito en la evolución que como ser humano le impediría, por ejemplo: seguir haciendo daño a terceros. Obrar a favor de ellos perjudicando a los demás. Seguir errando su comportamiento, sentirse orgullosos de llenarse los bolsillos con dinero público, no cumplir con sus responsabilidades, no avergonzarse ante los agravios cometidos contra los demás, hacer daño, etc.

Desde estas líneas, que tal vez, lleguen a no demasiados rincones, lanzo una voz a favor de una introspección general. A favor de tener la valentía suficiente como para desligarse de las fuerzas ocultas, que han sumido al planeta en la pobreza moral, ética y económica. Para que saquen pecho, para que se den cuenta de que llevamos unos años haciéndolo muy mal y, que hay que resarcir a la sociedad de los valores y de los medios necesarios para tener un equilibrio industrial, educativo, y de aquellos servicios necesarios para el bienestar de la gente. Hay que poner fin al sometimiento de nuestros gobernantes a los poderes monetarios, y la única forma de hacerlo, tal como se sustentan en el poder mediante las leyes actuales, es por convencimiento propio, por darse cuenta, por despertar de la mentira que les envuelve. Si atisbaran tal episodio en sus vidas, si llegaran a preguntarse por lo que están haciendo y aportando a los demás, si vieran un poquito de luz, aunque solo fuera unos segundos; sería suficiente para que pararan esta marcha sin sentido y contraria al sentimiento generalizado de los ciudadanos.

POBREZA EN LA CALLE - 04/03/2013

Esta mañana acudí a la oficina del SAE de Carmona, y estaba llena de público que llegaba hasta la misma puerta. Yo era uno de ellos, les miraba y me decía: qué se podría hacer para dar empleo a tanta gente joven y menos joven. Cómo no pone en marcha cada Ayuntamiento una genialidad, que facilite el empleo de las personas de su término territorial. Cómo es posible que seamos tantos los que hemos perdido el empleo, queramos trabajar y no encontremos la manera de hacerlo.

Se podrían habilitar comedores para aquellas personas, que demostraran que sus ingresos son insuficientes con respecto a sus gastos. Esta tarea sería fácil de comprobar por parte de la administración, y ayudaría sobremanera a muchas personas que no saben por donde tirar, pues van viviendo de lo que le dan sus familiares, amigos y vecinos. La administración se está amparando en esta salida solidaria de las personas cercanas, pero estas no son formas de acoger a los ciudadanos en momentos como los que estamos padeciendo.

En situaciones apretadas como las que vivimos, la principal solidaridad tendría que partir de los ayuntamientos, diputaciones, gobierno, etc. Es de obligado compromiso hacer piña, optar por cuidar y salvar a la gente. Inventar formulas, poner en marcha sistemas especiales de amparo social, como puede significar el habilitar comedores, mediar por las personas ante entidades, proteger a los ciudadanos, estar más cerca que nunca de la población; escucharles y dar soluciones, aunque fueren pequeñas soluciones. Con la suma de muchas pequeñas iniciativas, seguro que se arreglan muchas lamentables situaciones.

El problema será el de siempre, según argumentarán, el dinero, la falta de recursos para llevarlos a cabo; pero con la voluntad suficiente sí se podrá recortar de aquí y de allá para una causa tan justa y necesaria. Se podrá tener más o menos, pero sin comer no se puede estar, y cada día oímos casos de niños que van a la escuela sin desayunar porque no había nada que llevarse a la boca, en sus casas. Niños que tan solo comen al mediodía si se quedan en el comedor del colegio. Esto es inaceptable y requiere una intervención de las autoridades que pongan en marcha un plan que palie este signo de pobreza, casi extrema, en algunos casos.

¿Dónde está el celo del cumplimiento del deber, y el amor a sus ciudadanos? Con lo hermoso que es hacer un bien para provecho de aquellos que lo necesitan. Cómo se llena uno interiormente de poder ayudar, ¡qué emoción tan grande se manifiesta cuando te sientes tan útil! A mi se me caería la cara de vergüenza y no podría mirar a la cara a mis vecinos, si ostentara un cargo de gobierno y dejara pacientemente sin auxilio a los que más me necesitaran. Pienso que el ejemplo ha de comenzar por uno mismo, y me sería imposible vivir como si conmigo no fuera. Viviendo sobrado, mientras muchos no tienen medios ni trabajo o, están embargados, etc.

Por detrás de lo que se ve hay más, mucho más, porque como ustedes saben es difícil que la gente, por vergüenza, esté mostrándolo todo. Siempre nos reservamos, no lo decimos todo, al menos muchos lo hacemos, metámonos todos. Por esto, pienso que el drama en el seno de las familias ha de ser más horrible del que parece palparse.

El momento bien merece un poco o un mucho de inventiva por parte del conjunto de la población, vayan por delante los gobernantes como primeros responsables de enmendar la situación. Los banqueros tienen que solidarizarse y no solo ganando dinero, que a ellos ya les han aportado, cuando no les correspondía, por ser sociedades privadas. Los empresarios deberían hacer un poco de hueco para dar algunos puestos de trabajos más, y todos tenemos que arrimar el hombro, pero no como nos han exigido: hombros, salarios, empleos, viviendas, etc., poniéndolo todo mientras otros siguen sin dar ejemplo. ¿Hasta cuándo de esta manera?

COMUNICACIÓN Y RESPONSABILIDAD - 10/03/2013

¿Cómo podemos seguir adjudicando comportamientos a entes abstractos?, ¿por qué continuamente culpamos o atribuimos acciones a los ayuntamientos, a la sociedad, al mundo, etc.?, estos entes no son nada más que un pensamiento de un lugar o de un conjunto de personas, y son las personas, en sí, las que ejecutan acciones que tienen sus consecuencias. O sea, que siempre hay responsables que tienen nombres y apellidos, pero a muchos les gusta disolver parte de esa responsabilidad metiendo al conjunto en el mejor de los casos, y con mayor frecuencia a un ente impersonal.

El lenguaje se vuelve muy impreciso en manos de algunos oradores, con resultados imprevistos cuando su manejo es obra de algún medio de comunicación masivo, como: prensa, radio o televisión. En manos de estos medios se desvirtúa, en ocasiones, el contenido de la noticia real, bien por miedo al alarmismo de la población, bien por el modo impreciso de transmitir la información, por los motivos que veníamos aduciendo.

De todo ello, deduzco que los medios nos informan de una manera sesgada, incompleta o maquillada, y considero que somos ciudadanos adultos los que mantenemos la obra de teatro, somos los productores con la aportación de nuestros impuestos, de nuestro trabajo, y con el continúo gesto de bajar la cabeza y tragar por todo aquello que últimamente las personas que componen el partido gobernante, haciendo uso de esta manera de "dictadura" que supone una mayoría absoluta, nos dicta, tratando de que el camello pase por el ojo de la aguja.

¿A qué ha venido el mezclar las acciones del gobierno con los medios de comunicación?, le respondo: sencillamente a que se están dando cantidad de situaciones muy desagradables para los ciudadanos de este país, y se dicen las cosas pero no se llega al fondo del meollo. Nadie se moja en pos de la presunción de inocencia, aparecen papeles pero no se demuestra cómo aparecen, no se acusa a nadie, pocos cumplen con sus obligación de denunciar a los corruptos y corruptores, la justicia se toma su tiempo, los casos prescriben, los culpables siguen cobrando de los fondos públicos. Los asuntos los arreglan tarde y mal, costando un dineral a las arcas del Estado.

Los medios de comunicación siguen hablando de Cataluña y de España, de la relación de Cataluña con España, etc., como si Cataluña no fuera una región de España. Cuando cada vez que nombraran cualquier región autonómica, deberían referirse a la región de España: Cataluña, e igual tratamiento con Andalucía, País Vasco, etc. Afianzando lo que es, y no lo quieren algunos que sea, al menos mientras las cosas sean como lo son hasta este momento. Porque de la forma en que se trata este tema por los medios de comunicación, marcan una distancia entre las regiones y España, cuando esa brecha no existe más que en la cabeza de algunos.

No tengo nada contra las creencias de aquellos, pero llamemos a las cosas por su nombre, y ahora España es un conjunto de regiones, y por suerte Cataluña, País Vasco, Andalucía, Galicia, Cantabria, Valencia, etc., todas componen el territorio peninsular llamado España, se pongan como se pongan. Mañana, si cambian las leyes, y hay otra toma de decisiones, será otra cosa.

Al pan, pan, y al vino, vino, ya conocéis el dicho. Así que llamemos por su nombre al corrupto, al prevaricador, al que facilita papeles, al que lo publica, y a todos los que son responsables de lo que dicen o hacen. Y si Europa nos está asfixiando, no es Europa, es la Sra. Merkel, los directivos del Banco Central Europeo, los del

FMI, o quienes sean, de tal forma que esta situación tan catastrófica debe de tener sus responsables. Ahora no vale decir que las medidas de austeridad dictadas por el FMI han sido un error porque nos empobrece y no produce crecimiento. Tendrán que pagar por ello, personas con nombre y apellidos que están dejando en la más absoluta ruina a los europeos. Por favor, pongan con valentía cara a los artífices del desastre, y que sean responsables de devolvernos a una situación similar a la que teníamos antes de que erraran con sus imposiciones.

REPERCUSIONES DE LA CRISIS - 12/03/2013

La situación que está dejando la crisis, debida a las medidas de austeridad, a los despidos de trabajadores, a los cierres de empresas, a la reducción de salarios y de las pensiones, etc., está generando tal incertidumbre en la población, y tal pobreza o menor poder adquisitivo, sumado a un grado alto de inseguridad e inestabilidad del empleo, que se traduce en no consumir.

Tal descenso irremediable del consumo repercute, a su vez, en empeorar la situación empresarial y laboral, provocando la movilización geográfica tanto de personas como de empresas, debido a la menor rentabilidad de las empresas, que además no obtienen créditos de las entidades bancarias.

Podríamos decir que estamos viviendo un caos económico y laboral que no favorece más que a aquellos que estén sobrados de recursos, que encuentran en estos los mejores momentos para hacerse de oro. Pero al margen de estos, el resto de la población trata de hacer las compras necesarias para su alimentación, pagar sus servicios más necesarios como: luz, agua, teléfono, y poco más. Es haciéndolo de este modo y la mayoría de las familias llegan raspando o, difícilmente, a fin de mes.

Hay varios aspectos que se están deteriorando y que ofrecen malas perspectivas de mejora, como son: las pensiones de futuros jubilados o la vuelta a una normalidad laboral y, mucho menos, a la recuperación de los derechos que tenían los trabajadores de este país. En los dos últimos años los gobiernos manipulados por los grupos de poderosos, han cometido una masacre con el bienestar social. Todo aquello que se había adquirido con años de lucha y negociación, lo han tirado por tierra en un abrir y cerrar de ojos. Tanta cobardía tiene responsables con nombres y apellidos, que prefirieron seguir chupando y figurando, mientras las personas perdían sus puestos de trabajo, mientras el país se arruinaba, mientras los ciudadanos íbamos perdiendo la ilusión de un futuro mejor.

Cómo van a estudiar los jóvenes si en sus casas solo hay para comer. Cómo van a pensar en constituir su propia familia si terminan los estudios y no tienen forma de empezar a trabajar, pues se encuentran dos barreras: no hay empleo, y no tienen experiencia laboral. Cómo van los jóvenes a pensar en adquirir una vivienda, es sencillamente impensable. A menos que el juego sea la estrategia para poner en alquiler todas las viviendas que los bancos tienen y, que se construyeron con la burbuja inmobiliaria. Viviendas que no tienen salida, y con todo este empobrecimiento lo que se pretenda sea cambiar la mentalidad de los ciudadanos, antes compradores, y que se desee sean en el futuro arrendatarios.

Está claro que han destrozado al país y lo han endeudado, y como el país somos sus ciudadanos, a este empeoramiento le sumamos el marrón que nos ha caído en lo alto que nos oprimirá durante muchos años. No podemos seguir con políticas de este tipo, los resultados son palpables, ¿a qué esperan, a que el nivel de deuda sea insoportable y tengamos que hacer un ERE de población o cerrar España?

PONER FIN AL CAOS - 16/03/2013

A veces se siente el sufrir universal, que roza la rabia y la impotencia porque vemos y escuchamos demasiadas cosas. Se percibe el caos mundial, las muertes por explosiones en aquellos países que parecen guerrear desde que éramos pequeños. Ya somos un poco mayores y seguimos viendo y escuchando el mismo tipo de noticias, que anuncian la muerte de gente de diferentes edades que tienen una ideología, por lo general religiosa, y se matan, y matan a otros sin piedad alguna.

Países que viven en el umbral de la pobreza, que no tienen que comer, y disparan cada día el valor de las raciones de muchos miles de personas. Padecemos la vergüenza que se siente, de que países con un buen nivel económico les estén vendiendo armas, estén haciendo negocio de la tragedia de otros pueblos. ¿Dónde están sus gobiernos, o es que están metidos en el asunto del negocio de las armas? No es de extrañar que así sea, pues generalmente, los gobernantes suelen tener riquezas y grandes sumas de dinero en otros países. Viven cercanos a la opulencia, mientras su país carece de infraestructuras, las casas de los vecinos son de arcilla, las aguas sucias corren calle abajo, ves a los niños desnutridos, mal vestidos y sin calzado.

Todo esto sucede mientras unos bandos juegan a la guerra, y gastan en munición un dinero que haría falta a la gente del país para comer. Y como dije antes, ante esta dramática tragedia en la que se ven envueltos muchos ciudadanos, donde sus hijos no pueden ni salir a jugar a las calles porque corren el riesgo de ser tiroteados, hay otros países desarrollados aportando muerte con sus armas. ¿A qué hemos llegado?, me pregunto.

Estamos en un punto de no retorno porque no hay marcha atrás, el caos ya lo tenemos a nuestro alrededor casi para cualquier lado que miremos. Hay que poner fin a la división, a la culpabilización, a la destrucción, y hay que comenzar a unificar, a cooperar, a consensuar proyectos que generen prosperidad, industrialización, comercio, bienestar, paz, sabiduría, amor y cuantos valores positivos sean necesarios fomentar por el bien de las personas. ¿No se comprende esto?

Es el momento de poner fin a las acciones bárbaras, a las guerras, a la delincuencia, a la corrupción, al egoísmo, a los intereses personales, para crecer como seres humanos si es lo que queremos. De lo contrario, la exterminación como especie puede que se esté poniendo en marcha, pues lo vamos a lograr nosotros solos sin que nadie nos tenga que ayudar. ¡Basta ya de generar el mal a otros! ¡Basta ya de continuar como vamos! No hay nada que defender con tanto ahínco como para eliminar el derecho a la vida de otros seres. Ni religión, ni política, ni negocio, ni el petróleo, ni los grandes grupos de poder, esos que se reúnen misteriosamente a debatir tonterías, ¡ya está bien! A ver si se enteran de una puñetera vez, que las cosas no se pueden enquistar por intereses económicos, porque el precio a pagar es el exterminio de la humanidad.

Vamos a dejar de rivalizar, el norte con el sur, los EEUU contra el mundo, el mundo contra los EEUU, Rusia con los amigos asiáticos mirando de reojo lo que hacen los que no tienen negocios con ellos, y todos haciendo "amigos", pero "amigos" porque me compran, ¡ya está todo muy manido! Vamos a cambiar, vamos a unirnos, y vamos a tener solo un plan: vivir en paz.

Erradicar el hambre, investigar para elevarnos todos, para progresar en los diversos campos, vamos a demostrar que somos o podemos ser inteligentes de verdad.

¿Se puede oír en estos tiempos que Corea del norte amenaza a EEUU con empezar una guerra nuclear?, pero por favor, qué hacemos, a qué jugamos, ya está bien. Por qué tenemos que vivir así, espiados sin fiarnos los unos de los otros, amenazados, tratando unos países de dominar a otros, ¿acaso estamos en tiempos de la edad media?

Hay que cambiar, hay que perdonar, hay que unirse y crear lo mejor para todos, y hay que hacerlo juntos desde ya.

EXPLOTADORES - 16/03/2013

¿Haz hecho lo que tienes que hacer, estás seguro de haberlo hecho?, ¿dijiste solo aquello que querías decir?, ¿Te moviste a la velocidad o ritmo que te apetecía?, ¿Te sentiste consciente mientras lo hacía?, si es así pues muy bien, y si no fue así pues bien también. Esto parece una locura, ¿verdad?, pues sí, lo es. ¿Acaso no estamos todos un poco loco o, veis normal que todo tenga sentido, en esta sociedad, si gira entorno al dinero?, porque yo no lo veo normal; así que permitámonos una cosa u otra, ¿Entienden ahora?, que más da.

Pienso que sufrimos un rapto, estamos secuestrados por la maquinaria de la fabricación de beneficios, por el inventor de este artilugio y por los operarios que la mantienen en activo. En estos días hay mucha gente perdiendo la vida por perseguir la fortuna, y muchos otros perdiéndola por causa de los que están generando beneficios indiscriminadamente. Hay muchos miserables midiéndose en los rankings de millonarios, que al mismo tiempo revientan sistemas, sociedades, y matan indirectamente con sus imposiciones. Pero están bien vistos, son envidia de otros tontos, se les pasea por las páginas de las revistas como ejemplo de empresarios, y puede que estén amasando fortunas, haciendo uso de la usura y la represión, pagando peonadas de 16 horas, tal vez, con un bocadillo.

Revientan a personas, a niños, no pagan impuestos en sus países porque allá les salen más baratos, y vienen a colocarnos sus productos, porque también quieren nuestros dineros. Lo tienen montado de lujo, se mueven libremente tanto en un país como en el otro, cogen lo que más les convienen de cada lugar, pero lo que no se les borra de sus mentes es el sentido que tiene para ellos, más allá de toda dignidad humana, el negocio, la ganancia, el beneficio, y como escatimar a las autoridades, con lo que modernamente se ha dado en llamar ingeniería financiera.

Son explotadores consentidos, son personajes que van devorando tejido social en su provecho, son amigos de los que les pueden abrir paso, de los que les pueden pasar la mano, de los que saben mirar hacia otro lado, de los que les hablan de paraísos fiscales y negocios turbios. Se creen reyes, se atreven a amenazar a jueces y fiscales, y creen poder imponer sus leyes en donde intervengan.

Amasad que aquí se quedará, amasad que ya os dolerá tenerlo que abandonar todo, porque hay una jueza, llamada muerte, a la que no podréis sobornar. Vendrá y os llevará, no valen las suplicas, ni las cuentas en paraísos fiscales, no valen los amigos poderosos ni los favores que os deban. El muerto al hoyo y el vivo al bollo, es así de cruda la realidad de la vida, ¿lo entiendes ahora?, pues deja de trampear la vida, y despierta, porque lo que haces y unos cientos o miles como tú, significa deterioro y destrucción, desequilibrio de valores, humillación y vejación.

Hay que hacer fortuna por simpatía de la población, por calidad de los productos, por ser asequibles para la población, por ser una buena persona, por ser solidario con los que menos tienen, por dar puestos de trabajo y tratar a sus empleados con amor y dignidad. Por tratarles como personas que requieren un salario justo para vivir, por interesarse por ellos como si de una gran familia se tratase. Por amar a su país y a su gente, por ser un empresario honesto, equitativo, por repartir la riqueza en proyectos que hacen crecer a otros, de este modo tú también creces como persona, ¿no entiendes esto?

Anoche emitieron un programa en la sexta televisión, donde nos acercaron a Beppe Grillo, líder del Movimiento italiano 5 Estrellas. Y mi conclusión es la de ser una persona indignada con la corrupción política de su país, así como con la política de austeridad impuesta por Europa. Un luchador que ha tomado el pulso de los ciudadanos y ha tenido la valentía de remover lo mohoso e inamovible de una casta política acostumbrada a campar a sus anchas. Esta actitud tan poco común en climas conservadores, donde nada pasa y donde todo sigue como unos pocos quieren, se considera peligrosa.

Con el éxito obtenido en las urnas italianas en las últimas elecciones por el Movimiento 5 Estrellas, se cargan las tintas contra este movimiento diciendo cosas como: "Complica las opciones de formar un Gobierno estable". Vuelven a querer que no suceda nada.

El poder alemán ve en Italia un riesgo de inestabilidad a su política de extrema austeridad, con posibilidad de contagiar a otros países. Y amenaza lanzando frases como: "Va a elevar el riesgo de inestabilidad de los mercados", me pregunto: ¿los mercados que son como buitres a la espera de reprimir, vetar y terminar con el bienestar de los países? Berlín solo sabe meter miedo para tratar de controlar una situación que se les va de las manos, pues son los italianos los que han hablado en las urnas. ¿O es que cuando sale una opción no deseable, la decisión de los ciudadanos en las urnas no es democracia?

Los italianos no quieren solo sacrificios y más sacrificios, porque las previsiones económicas siguen empeorando la situación, por lo tanto habrá que hacer algo distinto. No se puede seguir hasta el abismo a los centros de poder como son: Alemania, el BCE, el FMI, y el conjunto abstracto llamado mercado. Todos hablan de los mercados, ¿quiénes son, no tienen cara?, ya estamos hartos de sus juegos que les sirven para enriquecerse con la situación que han creado, mientras que ese juego macabro arrasa la economía del mundo.

A todos los nombrados anteriormente, y ante mi desconocimiento de quiénes son los mercados, habrá que tener en cuenta al G-20, al G-7, al grupo Bilderberg, etc., pues todos ellos, grupos de poder, dictan, desde la libertad que ellos se asignan, cuales han de ser las próximas jugadas en el panorama mundial; como si jugaran una partida on line de monopoly, repartiéndose poder y negocios lucrativos.

Con el triunfo de los 8,6 millones de votos conseguido por el Movimiento 5 Estrellas, la ciudadanía ha dado un puñetazo en lo alto de la mesa, a modo de rebelión contra la corrupción de la casta política y contra las recetas ultra liberales dictadas por Bruselas y Berlín.

El Movimiento 5 Estrellas preconiza un referéndum sobre el euro, y cuestiona las políticas de austeridad. Como no puede ser de otro modo, la defensa de este sentir del pueblo es el que choca con las directrices germanas y produce inquietud, tachada de desequilibrio o riesgo por los poderosos, que ven peligrar su partida de monopoly, así como el fin de su enriquecimiento.

Desde Francia, su presidente Sr. Hollande, que parece hacer buen uso del sentido común, propugna que el crecimiento ha de ser el corazón de la estrategia a seguir, que se debe ahorrar y equilibrar las cuentas sin que ello debilite la economía. Demasiada austeridad solo conduce a menos actividad y más desempleo.

En Italia hablan de ingobernabilidad y de situación dramática la provocada por los resultados obtenidos en las urnas en las últimas elecciones, y se atreven de responsabilizar a Beppe Grillo de promover la anti política.

El interés del ciudadano choca de plano con los intereses de los sistemas legislados y comandados por los poderes fácticos. Estos si que son los responsables de nuestra ruina, de las carencias económicas, de las cifras tan elevadas de desempleados, del bajo consumo actual debido a los bajos salarios de sus reformas laborales, y de la caída libre y en picado que sufren los países del mundo, en especial los de Europa.

Promover una reforma profunda de las instituciones, de la política y hasta de la moralidad pública y privada del país; renovar a los viejos dinosaurios aferrados al sistema político italiano, con personas jóvenes universitarias, con ideas innovadoras, también más ecologistas, etc., hace temblar a todo un bloque político oxidado y acomodado que se niega a dar paso a la regeneración.

Todo el revuelo se debe a que ha triunfado un programa político progresista, que rompe la continuidad del inmovilismo político. Un inmovilismo que exhibe su coraza democrática para mejorar su imagen de poder corrupto y conservador.

Asimismo, el Movimiento 5 Estrellas mantiene la actitud de no pactar con ninguna fuerza política, lo cual es de aplaudir. Ellos han sido votados para defender un programa, y como dicen: "Votarán en el pleno las leyes que reflejen su programa, sea quien sea que las propongan". Creo que es una medida muy recomendable de respeto a su electorado, de la que deberían tomar nota en otros países donde es habitual desbancar a la fuerza más votada, mediante pactos que solo tienen un interés, el poder; en lugar de solucionar los problemas de los ciudadanos.

Felicito a Beppe Grillo y a los integrantes del Movimiento 5 Estrellas, por su valentía, por su éxito y por el esfuerzo que hacen para desmontar los trasfondos oscuros de la corrupción política italiana. ¡Ojalá lo consigan!, será un ejemplo, un antes y un después, en la rigidez de los sistemas que se llaman democráticos, y que se creían irremplazables.

SIN POLEMIZAR - 23/03/2013

No es por polemizar y, mucho menos, por criticar, no quiero entrar en esos extremos, pero si reflexiono teniendo en cuenta que hay un partido político, que lo hace con mayoría absoluta, y nos persiguen las sombras de las gestiones dudosas, oscuras, etc., tildando a la ley de vieja, obsoleta y permisiva; será que a los que gobiernan con el poder de la mayoría absoluta para poder sacar adelante las leyes que se propusieran, no lo hacen.

Si no lo hacen, con la que está cayendo en el país, es que a ellos les sirven las leyes tal como se implantaron hace un chaparrón de años. Lo que quiere decir, que no es de su interés corregir la situación, para no castigar a los que hasta el momento sacaron provecho.

Por otro lado, observamos el inmovilismo del bipartidismo que reina en el parlamento español. Entiendo que ambos partidos lo dan por bueno, para no remover porque son conocedores de que saldrían salpicados. Uno critica al otro, pero cuando estuvo en el poder tampoco cambió la legislación favorecedora de la corrupción.

Ahora presentan dos estrategias diferentes, pero acordes con lo que necesitan completar o mejorar, pero no para la población sino en la persecución del voto cuando lleguen los próximos comicios. Unos se jactan, en cada comparecencia, de tratar de difundir confianza, que compense el mayúsculo descredito que ellos solitos se han creado. Los otros también están pesaditos con la interminable y necesaria reforma interna, así como la cínica posición que han adoptado, propugnando que donde deben estar es al lado de los más necesitados, que esa es su razón política. Pero ambos están desfasados y se han dado cuenta demasiado tarde, pues el daño ya está hecho.

Los ciudadanos hemos perdido la confianza tanto en unos como en otros, y la política adolece de savia nueva, de atrevimiento, de proposiciones democráticas, de ejemplos morales y por supuesto, la política actual, carece de respeto hacia el ciudadano.

Hacen falta legisladores honestos, buscadores del bienestar público. Políticos que vayan por delante, dando ejemplo cuando se trate de adoptar medidas que vayan a afectar a los ciudadanos. Hacen falta personas, que amen a las personas, que todo cuanto hagan lo hagan sin estar sujetos al poder económico. Y deben hacerle saber a ese cáncer que las personas van por delante de sus negocios, de su presión, y de su malvado juego.

Hace falta un sistema político valiente y de gobierno diferente, donde nos demos cuenta que la diversidad es enriquecedora, desde el punto de vista de la aportación de cada uno, de la innovación, pero no ha de ser una trinchera de ideas que hay que defender a muerte contra las ideas de los demás. No sé si se entiende, que los colores son buenos para mezclarlos y lograr nuevas tonalidades, pero no para imponer unos sobre otros, ni para pelear por el predominio de unos sobre otros.

Mi modelo político, el que posibilitaría hacer política por cuanto que para llevar ideas adelante habría que consensuar, sería participando. Tan solo un representante de cada partido, de todos los existentes legalmente en España, en cada acto parlamentario.

Cuando se vaya a tratar un tema económico, irá un experto del tema de cada partido, si el tema a debatir afecta a la sanidad irá un experto sanitario, y así sucesivamente. Tal experto lleva a debatir una propuesta consensuada en su partido y, por supuesto, por encima de ella prevalecerá un consenso que surgiera del debate en el parlamento, que deberá resultar más beneficioso para la población. Así de rotundo se ha de actuar, sin mirar si le gustarán a los bancos, a la casa real, al G-20, al grupo Bilderberg, etc.

Necesitamos políticos comprometidos con los ciudadanos, no con los holdings, no con multinacionales, no con los intereses de otros países, e inflexibles a los chantajes y a cualquier otro tipo de corrupción. No porque los políticos ganaran mucho dinero, se va a eliminar la corrupción y la prevaricación, sino porque tengan catadura moral, integridad, honestidad, respeto y amor a la gente.

OTRO PALITO A LA BURRA - 29/03/2013

Ya estoy de nuevo, he vuelto y tengo ganas de guerra, de dar caña, de movilizarme por una sociedad más justa y equitativa. Porque el ser humano se merece lo mejor, y dejarse de tantas tonterías políticas. Necesitamos apartarnos de la escoria televisiva, para pasar a un ocio más selectivo, también hay que dejar de oír a gente acorralada en las ideas estabuladas de los partidos, que privan de libertad de expresión a sus afiliados. Le quitan la hermosa libertad de pensar por sí mismos, tachando de deshonrosa sus conductas por pensar de un modo diferente en algunas materias.

Por encima de militar en un partido se halla la libertad como individuo, el no sometimiento al ideal de un tercero cuando no es compartido por otros y, debe ser debatido y consensuado. A veces, no se llega al acuerdo y no por ello hay que anular a las personas, como está sucediendo en las militancias de los partidos.

Militar, hasta el nombre es feo, ¿no creéis?, parece que vamos a entrar en combate, parece que hubiera de acatarse la rigidez de estar a la orden; como sucedía con aquel robo de tu tiempo, en nombre de la patria, llamado servicio militar. Para que nos hicieran unos hombrecitos decían los más antiguos del país, ¡ja, ja!

Propugno la libertad, hagamos lo que hagamos. Tenemos que sentirnos libres y ser responsables de nuestros actos, no seguir a nadie sino escucharnos a nosotros, ser coherentes y actuar.

Hay mucha gente colaborando con los sin rostros, haciendo mucho daño a la gente de este país, a los mayores y a los jóvenes que se ven sin futuro, sin trabajo, sin pensiones, y viviendo en un país hipotecado, endeudado y sin industrias. Con tendencia a que cualquier servicio sea privatizado, y al que quizá no puedan acceder por falta de recursos en un breve espacio de tiempo. Esta gente no nos sirve, no hacen nada bueno por la sociedad, pero comen y bien, a costa de todos nosotros, erigiéndose en salvadores del sistema financiero del país; por lo que los banqueros le quedarán muy agradecidos, pero nosotros los ciudadanos…, mejor voy a frenar lo que pienso y lo voy a dejar en puntos suspensivos.

No deseo ser grosero con la tomadura de pelo a la que nos tienen sometido, y me revelo a ello, y como se oyen voces por ahí, tenemos que dejar la posición cómoda del sofá para movilizarnos en serio contra la partida de inútiles que gobiernan el país, con las rodillas echas polvo de seguir a los sin rostros, arrastrándose.

No hay derecho a que estemos padeciendo la penuria esta, y la falta de horizonte que se vislumbra. Un país con capacidad suficiente para sostener a su gente, pero falta gente que proyecte e innove para el bien de la industria, de los empresarios en general, de los trabajadores en particular, y para lograr un país autosuficiente. Endeudarse es la forma simplista que tiene cualquier gobierno para seguir adelante. Me hace falta dinero, pido créditos, y me sigo endeudando. Me vuelve a hacer falta, pido, y me hundo más. No importa, es lo que piensa este gobierno, de lo contrario cambiaría la formula.

Cuándo va a parar este gobierno y va a pensar en generar recursos, ellos que siempre nos tachan a la población de querer vivir de las ayudas y subvenciones del papá Estado. Cuándo van ellos a dejar de hacerlo, con el papá Estado europeo. Señores gobernantes para ir en contra de una población, para reñirles, los actos de uno han de ser impecables, y los vuestros no los son, ni se aproximan.

MADRID 2020, ¡NO! - 30/03/2013

Ya es la tercera intentona de Madrid por conseguir la organización de unos Juegos Olímpicos, ya llevan unos pocos de años haciendo inversiones en instalaciones mientras el país se cae a trozos.

Ahora se disputa la organización de los Juegos 2020, entretanto recortes van y vienen, tijeretazos en educación, en sanidad, subidas de impuestos, bajadas de salarios, aumento del desempleo, cierre de empresas cada día, ERES, corrupción, etc.; pero para algunos este empecinamiento es vital. Espero que una vez celebrados los puñeteros Juegos, nos devuelvan la tranquilidad y la prosperidad de años atrás, ¿serán ustedes capaces?

Los políticos madrileños amparados por el Gobierno, que es del mismo color, hacen el teatro ante el comité de los Juegos. Les hacen ver que estamos en condiciones de afrontar el reto, mostrándoles que hemos enterrado ya suficientes millones de euros en obras, como para merecernos la adjudicación, el premio a la obcecación, y además dirán: "que ya nos toca".

¿Estamos de acuerdo los españoles?, ¿Se ha interesado alguien de saberlo, más allá de su propio impulso, egoísmo, y prepotencia? España no está para jueguecitos en estos momentos de duras restricciones. Las familias vamos demasiado justas y nos cuesta mucho llegar a final de mes. ¿No se puede proyectar un polo industrial en lugar de unos jueguecitos? Los Juegos se celebran, se terminan, se desmontan, se van las autoridades, los deportistas, y al día siguiente nos quedamos de nuevo frente a nuestras miserias.

Es increíble el esfuerzo que pueden hacer unas personas para que se les reconozca un mérito, que a nadie importa, durante su mandato. Salvando a la Troika del gobierno y de su partido en Madrid, el resto de ciudadanos lo que queremos es trabajar, ganar dinero, tener un sueldo decente que llevar a casa cada mes y, tener un futuro que nos reconforte, que nos aporte expectativas, ilusión; que nuestros jóvenes se entusiasmen por crearse un porvenir.

¡Juegos no!, grito a los cielos para que la voz alcance a los que deban asignar la ciudad y, espero que en ningún caso sea Madrid. Espero que no tengamos la mala fortuna de ser los elegidos, ¡por favor más distracción no!, más oportunidades para que los políticos se focalicen hacia direcciones infructuosas, ¡no! Es hora de mirar hacia donde hay que mirar, proyectar lo que hace falta a la ciudadanía, y dejarse ya de tirar el tiempo y el dinero, con tal de salir en la foto.

Madrid es capital de España, allí está la Moncloa, el Pardo, la Zarzuela, está la Casa Real, ya hay demasiadas cosas para estar entretenidos con la que está cayendo. Así que ya está bien señores políticos, a ver si empiezan ustedes a hacer algo que de frutos para el conjunto de los ciudadanos de este país. A ver si se empecináis en salir de la crisis, generar riqueza, productividad y consumo, del mismo modo que habéis hecho con los jueguecitos.

Los españoles estamos preocupados por el futuro, no hay trabajo, no hay tejido empresarial, no hay seguridad de que se podamos cobrar las pensiones, estamos endeudados como país, y lo peor para mí, es que estamos alcanzando por un lado un estado de indignación que pudiera desembocar en acciones violentas, y por otro lado nos estamos sumergiendo, al mismo tiempo, en una apatía negativa generalizada.

Este cóctel no me satisface en absoluto y creo que tampoco satisfará al resto de la población. No es lo más propicio tener enfrente un horizonte oscuro, casi negro, mas cuando hace tan solo tres o cuatro años iba la economía tan bien. No nos explicamos cómo se ha creado una crisis tan voraz que se lo ha tragado todo, y en especial como sabemos, todos los interesados han aprovechado para desprendernos de los derechos y valores conseguidos durante años.

Los jóvenes estudian para tener que emigrar, están abocados a irse de su país a Dios sabe dónde, con la intención de buscarse la vida. En ello no hay, en sí, nada terrorífico sino que la educación le cuesta un dinero al Estado español, para que los beneficios de esa formación la aprovechen en el extranjero.

Peor aún, si esos jóvenes formados colaboran en productos que tendremos que importar, cuando podían haber sido descubiertos aquí. Estamos dejando ir al tren de las oportunidades, a la base de nuestro futuro, a la fuerza de nuestro progreso industrial, empresarial, sanitario, educativo, etc. ¿Con qué nos quedamos para afrontar el futuro?

¿Qué estamos haciendo, dando los primeros pasos para construir un país pobre?, y un país pobre quién lo quiere, un país así es una chatarra cósmica con movimiento de traslación y rotación, porque está incluido en el planeta, pero poco más.

Tenemos que ser más ambiciosos en el buen sentido de la palabra, tenemos que querer ser un país prospero, lo más autosuficiente posible, ser equilibrados entre la cantidad de población activa en edad de trabajar y puestos de trabajo hábiles para que puedan trabajar. Solo de esta forma se podrá activar el motor del consumo y por tanto de la producción.

Nos falta equilibrio, y aunque los mercados, los rostros ocultos, estén imprimiendo un ritmo bestial al asunto para que los países no puedan pararse a reaccionar; deberíamos parar un poco, que esto no va a significar que vamos a perder el tren de nada, en todo caso nos apearemos del tren de la ruina, que es lo que significa este tren.

Los rostros ocultos querrán lo que sea bueno para ellos, pero nosotros como país tenemos que saber qué queremos para nosotros, qué es lo mejor para nosotros, para nuestro futuro y nuestro progreso inmediato, y aplicarlo. Tenemos que dejar de saltar a la comba con Europa y con los rostros ocultos, y atender nuestras necesidades; claro que para ello hace falta tener unas directrices proyectadas, y no se si las habrá al margen de las dictadas por Europa y los rostros ocultos.

No digo que salgamos de la unión europea, sino que tengamos personalidad propia dentro del conjunto. ¡Miren a Reino Unido!, están dentro pero imponen sus condiciones.

CAMBIO ¡YA! - 30/03/2013

¿Alguna vez será posible que haya hombres o mujeres situados en los gobiernos de España, que sean capaces de permanecer en el puesto de una manera objetiva, con un comportamiento ajeno a sus propios intereses?, esta podría ser una clave para resolver la situación de crisis de imagen y de consideración que sufren los políticos.

¿Qué tipo de personas han de ser para mirar por lo ajeno, obviando sus ambiciones particulares?, visto lo visto, van subiendo en la escala de poder, y se van pringando hasta las cejas.

¿Qué clase de estructura interna o vericuetos, tiene el camino hacia las posiciones más altas, que corrompe a las personas?, claro que para que uno se corrompa existe la autorización de uno a ser corrompido. Siempre existe la posibilidad de decir: "por ahí no paso", y por supuesto hay dos opciones: denunciarlo o marcharse.

Mecanismos los hay, por qué no los utilizan, ¿les es más rentable mirar a otro lado y engañar a los ciudadanos?, debe ser así cuando casi todos los tocados no lo denuncian y si continúan en el cargo, e incluso ascienden ocultando el delito y su nueva condición de corrupto.

La raza de hombre puro, honesto, sincero, y entregado a la causa que justifica su trabajo político: trabajar para procurar el bien de los ciudadanos que componemos una sociedad, gestionando con pulcritud y transparencia, lamentablemente casi ha desaparecido.

Diremos casi, como he hecho, para dejar la puerta medio cerrada, pero con la abertura suficiente para que aquellos que no se sientan en el grupo de indeseables, puedan empujar la puerta y pasar. Siempre estará la puerta medio abierta para esas personas integras y honestas, solo hace falta que se les vean. Los ciudadanos estamos esperando y seguiremos haciéndolo, pues como todos saben estamos vendidos, no valemos nada o casi nada para el sistema actual, nuestra palabra es ignorada o casi, no contamos para la élite más que como peones de su fábrica de hacer dinero.

Estamos deseosos de que asalten el poder personas de esas características, que den ejemplo desde su llegada, denuncien al poder del dinero cuando les aborden con causas injustas y turbias, que lo digan públicamente, que les frenen demostrando su entrega a los ciudadanos. Mostrando la importancia que para ellos tiene su misión de gestor de la opinión de todos nosotros, y su labor de procurador del bienestar general.

Necesitamos personas que rompan el sistema rancio que existe ahora, la estructura de leyes obsoletas nada acorde con las necesidades de estos tiempos, que desmantelen el tinglado de connivencia con los poderes monetarios, y que no se arrodillen ante ellos.

Necesitamos personas que desde la mañana a la noche trabajen en equipo para proyectar una sociedad productiva, que llegue a ser autosuficiente para abastecer de puestos de trabajo y riqueza a toda la población. Dinero hay, la clave es emplearlo bien, y en lo que es necesario para la población.

Hay un dicho: "La avaricia rompe el saco", y ya es momento de que se rompa el saco, que reviente, y que de paso al nuevo orden, a la nueva calidad de personas. A un sistema más equitativo, más justo, y más enfocado a los objetivos y necesidades del país.

AMENAZA DE GUERRA - 30/03/2013

Que poco valoran la vida algunos dirigentes, máximos mandatarios de algunos países, como es el caso de Kim Jong-un de Corea del Norte, que parece estar loco por meterle mano a alguien, como vulgarmente se dice. Este muchacho, que ascendió al poder tras la muerte de su padre, parece que está jugando a un juego bélico en una videoconsola. Está todo el día organizando marchas militares, exhibiendo todo el día el poder militar, armamentístico, y amenazando a EEUU y a Corea del Sur.

También hay que decir en contra de EEUU y Corea del Sur, que sabiendo lo beligerante que es el personaje, para que hacen un vuelo de reconocimiento con los B-2 por la región del norte, es como tratar de apagar un fuego con un poco de gasolina. Se puede considerar una provocación hacia un régimen que está copado de militares, que solo hablan haciendo uso del tono con el que se dan ordenes en los cuarteles. No hay más que verles en cualquier intervención pública retransmitida por televisión, para observar el tono militar, agresivo, cortante, parece que van a sacar una pistola y te van a dar dos tiros a través de la pantalla.

Verdaderamente es inquietante la situación, a mi me lo parece a pesar de que el dirigente de Corea del Sur dice que están acostumbrados a vivir así, con estas amenazas, desde que en 1953 terminó el conflicto coreano. Insisto en que me parece que no es para tomar estas amenazas como una broma, porque como apriete el botón rojo, se va a liar una buena. Y EEUU me da la sensación de que está loco por probar el paraguas antimisiles, es la primera impresión que me llega.

No entiendo como no somos hormiguitas en nuestro territorio, trabajando para progresar en lugar de preparándonos para destruir o ser destruidos. Es aberrante que el mundo esté como está, medio mundo juega a la guerra, vidas humanas exterminadas, futuros borrados, sangre derramada, fatalidad, dolor, pobreza, poblaciones aterrorizadas, niños huérfanos, niños muertos, corazones encogidos, poblaciones sin futuro. Esto no puede seguir, ¿dónde está la inteligencia del hombre?, ¿dónde esta la bondad, la generosidad, el amor?, ¿ya no hay nada de eso, sólo queda odio?

Por favor, pensemos, mantengamos la calma, comencemos cada uno a nuestro nivel, en nuestro entorno, en nuestro medio y con las personas más inmediatas, comencemos a mirarnos de otra manera, a tenernos otra consideración. Colaboremos los unos con los otros para avanzar, para construir, para progresar; que las guerras pueden surgir desde las contrariedades enconadas y antiguas. Eliminémoslas, pongámosle fin a esta locura, a esta rivalidad, no permitamos que llegue a ser destrucción y un campo de muertos, que a nadie beneficia, ni a las victimas que han caído, ni a los que se creen vencedores. Con las guerras todos perdemos.

Las personas queremos vivir, respirar, contemplar la belleza que nos rodea, amar, ver crecer a nuestros hijos. Las guerras son de la antigüedad, de los barbaros y de un orden inferior, ¿no se entiende esto?, los tiempos han cambiado y los acuerdos deberían venir dictados por el desarrollo de la propia conciencia del individuo. La misma que nos impide a los seres civilizados hacer daño a nuestros semejantes.

RECONOCIMIENTO A LA JUEZA ALAYA - 31/03/2013

Me gustaría que este escrito fuera el reconocimiento a la labor que está haciendo la jueza Mercedes Alaya, en el caso de los falsos ERES de la Junta de Andalucía. Porque me parece una persona seria, rigurosa, que hace bien su trabajo, que se vuelca en él, y de ahí los resultados.

Me parece una jueza a la que no le tiembla el pulso para mandar a los culpables a la cárcel, dando ejemplo de cómo se ha de aplicar justicia. La jueza está desmenuzando el caso y, a pesar, de que le afecta a su salud tal esfuerzo y dedicación, como lo ha demostrado el tiempo que tuvo que estar de baja por enfermedad; ahí sigue, como se suele decir: "al pie del cañón".

La seriedad que muestra en las imágenes que a través de los medios de comunicación nos llegan, la interpreto como de persona comprometida con su labor de investigación y aplicación de la justicia. Lo mejor es que, según interpreto por el avance del caso, es de las personas que no se someten a los dictados de directores ni altos cargos de la Junta de Andalucía, pues me da la impresión de que va a por todas; como tiene que ser.

Es de agradecer, en los tiempos en que estamos, donde tanta corrupción y sometimiento a los poderes ocultos hay, que una jueza tenga la valentía de imputar a altos cargos, mandándoles a la cárcel, y siga tirando de la guita. Ya veremos que va a salir de este ovillo, de esta maraña de gente indeseable, que se ha repartido muchos millones de un fondo para paliar el desempleo, y ayudar a las pensiones en Andalucía.

No sé especialmente del caso más de lo que se ha oído en los medios, pero sin entrar en honduras, y visto lo sucedido en otros casos en el resto del territorio español, que se ha tapado cuanto se ha podido o, bien, se ha juzgado como si de una broma se tratara, sin penas significativas e incluso absolviendo a los culpables; este caso de los ERES de Andalucía, tal como lo está llevando la jueza Alaya está siendo un ejemplo a seguir para el resto de jueces del territorio. Se ve en otras instrucciones judiciales demasiado compadreo, dicho así para no hacer más sangre.

Todos los andaluces de bien, estoy seguro, estamos expectantes para que este caso llegue a su fin con la condena de todos los que hayan obrado delictivamente, para que se les exija la devolución de todo el dinero sustraído de ese fondo público. Que caiga todo el que tenga que caer, tenga la posición política que tenga. Si es culpable que pague por sus acciones criminales y resarza a la población andaluza de los bienes sustraídos.

Señora jueza, no se deje invadir por nadie, denuncie públicamente cualquier acoso al que le pretendan someter, pero siga dando ejemplo de cómo se tiene que aplicar justicia hasta en los casos en los que están implicados nuestros gestores. Que no le tiemble el pulso, que los ciudadanos de bien estamos con usted, y lo que deseamos es limpieza en las instituciones.

Seguro que es un caso difícil que requiere mucho trabajo debido al largo periodo de actividad delictiva, creo que han sido diez años, y a la cantidad de ramificaciones dentro de la Junta así como sindicatos, etc. Pero usted lo va a conseguir, tiene todo nuestro apoyo. Felicidades y ¡enhorabuena!

Una vez más, la catadura moral de nuestros políticos se pone de manifiesto, en este caso el Sr. Montoro ha engañado a Europa con los datos del déficit, y no se va. Ya nos tienen acostumbrado al apego exacerbado que le tienen a su prepotente e irrespetuosa situación laboral de poder.

La situación actual es para que los políticos, además de honestidad, estuvieran todo el día, como se suele decir, sin levantar la cabeza de la mesa, en busca de soluciones para salir del agujero económico que sufrimos. Esta es la decadencia económica-financiera que ellos, y sus amigos los banqueros, han producido en nuestro país con el ladrillo y el negocio de los créditos.

Las firmas de los ciudadanos, que les son presentadas a los políticos, no debieran ser para que se debatan como iniciativa legislativa popular, sino para que sus contenidos amparados por dichas firmas, sean ejecutados. Es necesario que esto sea así, y que el poder retorne al ciudadano.

Tendría que existir una ley vinculante, de tal manera que cuando los ciudadanos, en un número equivalente a la cuarta parte de los votantes que por ejemplo ejercieron su derecho al voto en 2011; es por tener una referencia, votaron veinticuatro millones y medio de ciudadanos, pues cuando seis millones ciento veinticinco mil ciudadanos firmaran una petición, sea cual sea, habría irremediablemente que hacerla realidad.

Hablamos de una cifra alta, no se trata de ponerlo muy fácil ni que esto fuera un cachondeo, todo el día haciendo cambios como si se tratara de un circo televisivo. Pero con este paso tan importante estaría en nuestras manos la gestión de nuestra sociedad, tendríamos el poder de vetar a un político cuando lo creyéramos oportuno. Podríamos ponerles los sueldos a ellos, las condiciones de sus despidos, la anulación de sus pensiones vitalicias, de sus coches oficiales cuando han sido despedidos, etc.

Podríamos anular las mayorías absolutas, los pactos entre diferentes fuerzas políticas para que no alcancen el número suficiente de votos, y no puedan imponer lo que quieran, como vienen haciendo. Todo eso fuera, a debatir, a hacer política y a consensuar soluciones.

Hay muchas personas que defienden la implantación de la ley electoral de listas abiertas, y yo digo que eso no vale, no servirá para nada. Hablamos de los mismos perros con diferentes collares, la ideología no cambia, y eso hará que no se produzca el cambio esperado. Además, no nos sirve que manden otros a la sombra, y mientras esto suceda podemos seguir haciendo el paripé de ir a votar, las directrices las marcan los sin rostros, como yo les llamo.

Nos tachan de anti sistemas por ser algo reaccionarios, por manifestar nuestras opiniones opuestas a los sin rostros, de hecho casi todos criticamos algo del sistema, difícilmente alguien esté de acuerdo al 100% con él. Por tanto, vamos a perderle el miedo a la palabra anti sistema, todos somos anti sistemas, a nadie le gusta que les impongan las cosas, y esto es lo que está sucediendo con los dictados de los sin rostros, y con la plena aceptación de la mayoría absoluta que nos gobierna.

No sé como se cambiaría el funcionamiento del gobierno, pero algo debemos hacer los ciudadanos si nos dejan, porque los políticos nos reprimen en cuanto pueden y algo no les gusta. Ellos van a seguir legislando a su favor, no vamos a creer que la fe les va a convertir de buenas a primera. Ellos no van a legislar en contra de su fantástica situación poderosa y prepotente frente al resto de los mortales. Tampoco tienen el valor de decir abiertamente que no son nada, que están dirigidos por poderes fácticos.

La sociedad la constituimos los ciudadanos, y todo lo creado en el seno de esta sociedad tiene una razón de ser: administrar y gestionar los recursos para conseguir cada día mas progreso y bienestar; no para que nos sean impuestas más y más medidas contrarias a la voluntad general. Los gestores han de estar a nuestro servicio y no a la inversa.

Aboco por abolir las elecciones, no más votaciones inservibles. Propugno un Parlamento que se conforme con uno o dos representantes de cada fuerza política, legítimamente constituida en el territorio español. De esta forma, estarían representadas todas las ideologías y tendrían que hacer política. Además, se evitarían las costosas campañas electorales, las engañosas financiaciones de partido, la lucha de poder como principal objetivo y el agradecimiento continúo al sector financiero-bancario por la condonación de la deuda de partido. Todos tendrían el mismo peso por lo que estarían condenados a debatir y a consensuar entre todos.

Otros muchos refieren que el sistema ha der reformado, pero pienso que a veces es más fácil y menos costoso hacer una casa nueva, que reformar una casa en ruina, que es como se encuentra nuestro actual sistema político, económico, financiero, judicial, etc.

La clase política, la justicia y la tendencia ambiciosa a las mayorías absolutas, ni nos sirven, ni interesa al objetivo general de conseguir mayor bienestar social. El juego de la política con la justicia y la connivencia entre ambos, tiene la aspiración de mantener sometida a la población, apaciguada dentro de los límites que ellos establecen y, por supuesto, nos ignoran y desoyen nuestras peticiones, mientras dan gusto al poder del dinero.

La justicia nombrada por los políticos, no tiene independencia, se debe a ellos, no puede actuar objetivamente, y parece que tuviera que estar pidiendo permiso para poder juzgar ciertos casos y para saber la profundidad con la que deban hacerlo. Hay excepciones como la jueza Alaya en Andalucía, todo un ejemplo a seguir.

Los políticos actuales no gobiernan, se pasan el tiempo buscando errores en sus contrarios, para descalificarlos en su carrera por el poder, tratando continuamente de desbancar al otro. Esta tarea le ocupa tanto tiempo que se olvida de cumplir con su cometido, con su obligación, la consecución del bienestar general.

YO, MARIANO RAJOY - 06/04/2013

Yo, Mariano Rajoy Brey, Presidente del Gobierno del Estado español, elegido por mayoría en las elecciones celebradas el 20 de Noviembre de 2011; reconozco no haber estado a la altura de las expectativas de quienes me votaron. Sin embargo, me siento con la obligación de resarcir a la población española del daño ocasionado, debido a que mi partido entendió como mejor salida a la crisis, seguir los dictados de Europa.

Una vez trascurridos un año y cuatro meses de mi mandato, compruebo que la situación no ha mejorado sino todo lo contrario. Muchas familias han quedado con todos sus miembros en paro, a veces sin ingresos, debido a una reforma laboral que mi grupo se vio obligado a legislar, bajo la presión de los bancos y demás poderes ocultos, que ustedes tienen que disculpar no pueda revelar, pues mi vida correría peligro.

Como digo, reconozco que mi grupo es responsable, y yo como Presidente, muy especialmente, del empeoramiento de las condiciones sociales que han deteriorado seriamente el estado de bienestar establecido cuando me hice cargo del Gobierno de España.

Reconozco haber sido elegido Presidente por los españoles, tras una campaña electoral difícil, y con un programa electoral que prometía, ya desde su portada un salvavidas a las políticas que el PSOE había comenzado a aplicar. En aquella portada anunciábamos: "Lo que España necesita: Confianza, empleo, reformas, educación"; y es cierto que no hemos atendido a ninguno de los puntos previstos. Igualmente cierto, es que yo debería haber informado inmediatamente al pueblo español de la situación real que nos encontramos, y haberle dicho de la imposibilidad de aplicar el programa electoral con el que me había presentado a la elecciones. Así como haber puesto mi cargo a disposición de los ciudadanos para su ratificación.

Como podrán comprobar por el contenido de esta carta, estoy arrepentido de haber hecho el tipo de política que me han impuesto, y siento haber defraudado a todos los que me votaron. Durante mucho tiempo hemos dado explicaciones imposibles a asuntos que se han publicado en los medios de comunicación, porque era demasiado evidente que no habíamos procedido como se puede esperar de nuestro partido.

Nos hemos visto en situaciones muy comprometidas, que nos han obligado a salir al paso como mejor hemos podido, pero reconozco que no hemos dicho toda la verdad de casi ningunos de los asuntos que nos ha afectado. Hemos hecho como hace cualquiera: defenderse. Pero el pueblo español, que ha depositado toda la confianza en el Partido Popular, no se merece las explicaciones o respuestas que hemos dado a ciertos asuntos turbios.

Nuestro partido se ha visto involucrado en asuntos como la trama Gurtel y púnica de financiación ilegal de nuestro partido, el caso Palma Arena, el popular caso Bárcenas, entre otros. Y nosotros, como haría cualquiera, hemos tratado de que nos hiciera el menor daño posible. Reconozco que también en estos procedimientos no hemos actuado como deberíamos, o con la claridad que se esperaba.

Por todo lo expuesto, ya es tarde para dimitir, pero no lo es para rectificar. Por todo ello, me pongo a trabajar: en primer lugar depurando responsabilidades dentro del partido, y os aseguro que todo aquel que sabemos ha obrado deshonestamente, aunque lo hiciera bajo las órdenes del partido, será invitado a dejar las filas del Partido Popular.

Una vez depurada responsabilidades dentro, vamos a proceder a liberar al poder judicial, le voy a dar órdenes expresas de que actúen con total independencia, y con la única directriz que marquen las leyes.

Vamos a exigir de los bancos la devolución del importe concedido, puesto que han incumplido con su obligación de contribuir al crecimiento de la economía, no facilitando préstamos a las empresas y a los ciudadanos en general. Todas las entidades que se nieguen a seguir nuestros dictados se van a nacionalizar, para desde el Gobierno mover el dinero en beneficio de ese crecimiento tan necesario.

Vamos a decir a Europa y a la Sra. Merkel en particular, que no podemos seguir ni un día más con sus dictados, pues los resultados sobre nuestra economía y el bienestar de nuestra gente, es evidente y nefasta. Aumenta el desempleo, cierran industrias, bajan los salarios lo que imposibilita la dinamización del consumo, y el país se está endeudando por día. Igualmente me veré obligado a atender antes las necesidades internas del país, que pagar la deuda externa. Todo ello se lo haré saber a Europa.

Retomaré el programa electoral con el que me presenté a las elecciones del 2011, y trataré de gobernar fielmente al mismo, en beneficio de los ciudadanos de este país.

Vamos a establecer una bajada considerable de los sueldos de los políticos, en solidaridad con los esfuerzos exigidos a los ciudadanos y a la situación actual.

Se va a adelgazar la administración de una manera efectiva y valiente, se va a revisar, porque lo sabemos, todos aquellos cargos puestos a dedos y se les va a cesar en sus funciones.

Se va a remodelar el Gobierno, buscando la mayor efectividad, de modo que solo podrá acceder a un puesto determinado una persona con formación y experiencia suficientes, en el campo de su gestión.

Me comprometo en adelante a dar una información puntual y veraz de todos los asuntos que nos afecten. Aunque aluda a mi persona o a mi partido, estoy dispuesto a gobernar con la verdad por delante, caiga quien caiga. Y por supuesto, el que la haga que la pague.

Me comprometo a gobernar con total transparencia, la misma que exijo a los ciudadanos, a los políticos, a mí partido en particular, y a todos los estamentos e instituciones. No estoy dispuesto a ningún bochorno más, y estoy preparado para ser estricto en este apartado, exijo honorabilidad y honestidad. Aquel que considere no podrá seguir dentro de este orden, le aceptaré su dimisión, con gusto, mañana mismo.

Se que en la opinión de los ciudadanos reina un clíma de contrariedad hacia la clase política, pues bien creo que voy a darle la vuelta a este pensamiento popular. Para ello, a partir del lunes me pongo a trabajar para legislar en contra de la prescripción de los delitos que afecten a las instituciones públicas, a la función pública, cargos públicos y erario público. Por lo tanto se podrán investigar y juzgar cualquiera de los casos de corrupción habidos en España, que quedaron sin castigo. Así como cualquier otro caso, dentro de los ámbitos referidos anteriormente, y que se produjeran fuera de la ley.

Mi programa electoral comenzaba diciendo: Los españoles necesitamos un Gobierno serio y responsable en el que poder confiar. Y estoy dispuesto a que esto sea así, y voy a trabajar para que esta llegue a ser la opinión de los ciudadanos.

Anunciábamos en nuestro programa electoral: Que era un programa para crecer y generar empleo, para apoyar a nuestros emprendedores, y para garantizar la educación, la sanidad y el bienestar de todos, sin excepciones.

Desde este mismo instante comienzo a trabajar fielmente a mi programa electoral para el beneficio de los ciudadanos de este extraordinario país.

Mariano Rajoy Brey

¡Señores!, ¿cómo lo hacemos? Hablar en las urnas cada cuatro años es insuficiente, necesitamos una mayor interacción con el mundo político, y con el Gobierno en particular. Si los ciudadanos presentamos una Iniciativa Legislativa Popular no es escuchada. Si un grupo de ciudadanos acampan en señal de protesta, dicen que son perro flautas anti sistemas. Si se manifiestan ante las casas de los políticos que van a su puta bola, es anticonstitucional y se les tacha de proetarras. Las quejas en los medios de comunicación las califican de campaña orquestada contra el Gobierno.

Digan, señores políticos, cómo quieren que actuemos los ciudadanos ante los continuos ataques a nuestra supervivencia, a los que nos están ustedes sometiendo. Sí, me atrevo a hablar de supervivencia porque la economía del hogar está muy resentida, los ánimos muy crispados, de trabajo estamos igualmente mal, estamos llegando a un límite insoportable. No esperarán, ni sonrisas, ni buen acogimiento por parte de los ciudadanos, es que no nos es posible ponerles buena cara, aplaudir sus acciones o aprobar sus medidas.

Ustedes han traspasado la línea roja que jamás ibais a rebasar, pero lo hicieron sin pudor alguno, y sin tener ninguna consideración hacia las repercusiones que iba a tener en las familias españolas. Ustedes han preferido casarse con Europa antes que atender y socorrer a su pueblo. Es lógico que ante tanto desmadre gubernamental, se haya creado el malestar, la indignación, la queja, el dolor, y el resentimiento contenido, que los españoles estamos sintiendo. Y les vuelvo a repetir que tener una olla de presión por sociedad es muy peligroso para todos.

No olviden que los policías nacionales, los guardias civiles, los policías locales, son personas, tienen familia, se ven igualmente afectados como todos los demás por sus injustas y desiguales medidas aplicadas a los ciudadanos. Porque ustedes con sueldos de 60.000, 70.000, o más miles de euros, para que vivan 3, 4 ó 5 personas en una casa, de ninguna manera se ven afectados como nosotros. Ustedes viven en otra galaxia, pero aquí en la Tierra la goma ya la han estirado bastante, en exceso, y ya está más que bien. Ustedes no son consecuentes con los dramas de muchas familias españolas, incluidas las de muchos policías y demás agentes del orden público. A ver si entre todos les vamos a tener que poner orden a ustedes, porque la verdadera mayoría somos nosotros, no lo olviden.

Es mejor ser prudentes y que las cosas no se desboquen por el bien de todos, porque solo imaginar que ustedes perdieran el apoyo de los cuerpos de seguridad, se quedáis tirados. Da miedo hasta pensarlo, ¿verdad? Pues empezad a legislar para restablecer las condiciones óptimas para que haya trabajo para todos, aplicaros sueldos normales de mercado, ya que os gusta tanto los mercados: 2000 ó 3000 euros. Dejaros ya de apoyar al dinero, castigar severamente a los evasores y delincuentes. Limpiar vuestra casa sin que os tiemble el pulso, y recuperar la confianza de los ciudadanos, que os irá mejor a ustedes y a todos.

¡Así están los humos!, no hay persona con la que se hable en la calle, en reuniones de amigos, etc., que no respire de un modo semejante al descrito. Creo que es momento de dejar de arrodillarse a los "mercados", y de legislar contra sus abusos de poder, así como gobernar para restablecer el bienestar en todos los órdenes sociales.

PROYECTO EUROPA - 07/04/2013

El proyecto Europa se ha quedado cojo, se ha integrado el solo uso de la moneda, pero no se ha construido una base sólida sobre la cual levantar los muros del progreso. La base sólida la formarían la integración financiera, política, legislativa, industrial, social, etc. Una Europa al completo, con ciudadanos de igual nivel en todos los ámbitos, compartiendo leyes, proyectos de desarrollo industrial, urbanístico, educativo, sanitario, etc., siempre sumando para todos, no como hasta ahora.

Ahora los pobres son más pobres mientras los ricos son aún más ricos. Estos se han llevado el dinero a paraísos fiscales autorizados y mantenidos por ciertos países, colaborando a que los Estados Europeos del sur caigan en la bancarrota y se encuentren al borde mismo del abismo.

Europa está por construir mientras que se desquebraja ante la falta de estructura sobre la que sustentarse. Falta colaboración que no signifique endeudamiento por la necesidad de tener que ser subvencionado. Hay que buscar la forma de que toda Europa sea una y pueda salir adelante victoriosamente. No hay que hacer una Europa que se sirva de otra parte de Europa que no pueda seguir el ritmo del norte, existiendo como ya dicen algunos, una Europa de varias velocidades.

Europa tiene suficientes personas súper formadas, muy bien preparadas, como para trabajar conjuntamente, y conseguir proyectar la Europa que todos los ciudadanos europeos esperamos y necesitamos. Una Europa autosuficiente, para que todos podamos tener los recursos y servicios necesarios para llevar una vida digna.

El fracaso de Europa sería todo lo contrario, no ser capaz de adaptar leyes, financiación, industrialización, comercio, etc., comunes a todos los países integrantes del proyecto Europa. No solo al compartir la moneda vamos a conseguir la igualdad necesaria, pues ya estamos viendo que no ha sido así, sino que estamos obteniendo todo lo contrario, como ya dije antes: El Norte progresa mientras el Sur se endeuda más y más. Por otro lado, puede que ese sea el objetivo del Norte.

Todos los dirigentes de los diversos países europeos deben tener la obligación y dedicación suficientes, para conseguir el desarrollo del conjunto. Sin unión autentica, solo podemos esperar un poco más o menos, y el fracaso, y la ruptura, llegarán. Un modo de estar condenado a que las cosas no salgan, es proponer un proyecto común en el que sus integrantes van cada uno a lo suyo. Si no se cree en el proyecto es preferible salirse o, bien, no haber propuesto algo de lo que después se arrepienten. A no ser que hubiera una intención de hacer negocio a costa de los socios.

Creo que también ha podido ocurrir que algunos hayan mal empleado las ayudas concedidas para el progreso de las zonas más desfavorecidas. Es posible que también haya habido un poco de todo, pero me remito al principio del escrito. Con una base legislativa y financiera común y sólida, nos iría mejor a todos, se establecerían otros tipos de controles que hicieran inviables las malas actuaciones, al mismo tiempo que facilitaría progresar al unísono, porque todos seríamos más europeos. Sentiríamos con más intensidad a nuestros hermanos de los países vecinos, y desearíamos que todos alcanzásemos una cota de bienestar considerable.

Podría ser un buen proyecto si apostáramos todos los países de la Unión por la consecución de la igualdad, importándole a cada uno de los países la buena marcha de los demás, y adoptando las medidas necesarias que signifiquen progreso, bienestar, dentro de los límites de una austeridad razonable, porque tampoco se trata de optar por la vía del consumismo o el despilfarro. Pero las medidas actuales nos diferencian, marcan distancias que están llegando a ser casi insalvables, pues solo para poder pagar los intereses de la deuda del país vamos a tener que dejar de comer. Este no es el camino para que Europa sea considerada por el resto del mundo como una zona de importancia industrial, económica, social, etc.

CORRUPCIÓN - 09/04/2013

Con el aluvión de noticias que van apareciendo que señalan directamente a nuestros políticos, tengo que rendirme ante las evidencias, y no me cabe más que decir: ¡sálvese el que pueda! Es impresionante, ridículo, vergonzoso y delictivo, el comportamiento actual o del pasado reciente, que han tenido una gran mayoría de políticos de este país.

Cada día aparecen en prensa o en algún otro medio de comunicación casos de corrupción, que definen un comportamiento delictivo en personas de un bajo nivel ético, moral y humano, que por casualidad casi todos están, o han estado, metidos en política. La falta de control judicial y tributario, así como permisivo en su momento, han hecho que prescriban muchos de esos delitos, o al menos los han dejado sin sentencia y sin castigo.

Es terrible pensar, que de una forma u otra, siempre hemos estado gobernados por gente de esta calaña. Gente tan vulnerable, tan débil, tan codiciosa, tan maleante, etc.; al mismo tiempo, gente tan deshonesta, tan poco integra, tan poco comprometida con los problemas de los ciudadanos, y que pasan por el poder tan solo por narcisismo y como trampolín para hacerse ricos. Porque el fin siempre es el mismo, pillar.

De nuevo, sálvese quien pueda, porque indudablemente habrá personas llevadas por su corazón que tratan de hacer su trabajo lo mejor posible, pero como cada una de las fuerzas políticas de envergaduras tiene personajes salpicados por la mierda, sería muy recomendable que esas personas honorables, se desmarcaran de la podredumbre que les rodea, para no caer en el mismo saco ante las valoraciones de los ciudadanos.

A los ciudadanos nos llevan tomando el pelo toda la vida, sea con la dictadura, sea con la seudodemocracia instalada en España. Unos ocultaban y otros también, solo que cada cual lo hacia aprovechando las lagunas del momento. De uno se sabía menos porque los medios de comunicación estaban más atados, y de otros se sabe más por la mayor libertad de los medios. Aunque ya se vienen encargando algunos artistas del PP, con ciertas declaraciones en las que ponen de manifiesto su deseo de controlar lo que se publique, o lo que se pueda decir en las manifestaciones, así como cuándo se deban manifestar, de qué modo, etc.

Siempre han habido conflictos turbios durante toda la historia política del país, y esto significa que parte del dinero de los españoles se ha derivado para satisfacer intereses particulares, o bien han sido desviado a cuentas en paraísos fiscales, sacándolo del curso legal y natural, que hubiera sido y es, el empleo del mismo a favor de la necesidades de este país. Por esto, que no nos vengan rasgándose las vestiduras con el patriotismo, con todas las polladas mentales que tienen más de uno, que una mayoría de ellos son culpables, bien por ser infractor directo, bien por encubrir o no denunciar lo que saben.

De la situación actual solo se sale haciendo más productivo el país, por tanto se ha de invertir en industrias, pero se sigue mareando la perdiz. Dinero de Europa, deuda, intereses, recortes, empeoramiento generalizado. Más dinero de Europa, más deuda, más intereses, por tanto más recorte, y por supuesto incremento del empeoramiento generalizado. La ineptitud de nuestros gobernantes nos ha metido en este bucle sin final, al mismo tiempo que no ataja los verdaderos problemas de corrupción tanto interna como externa, los delitos fiscales y la evasión de capitales. Toda esa delincuencia daría unos rendimientos, que según indican algunos expertos, sería suficiente para quitarnos toda la deuda externa.

Yo no les voté, desde luego, pero no creo que nadie les votara a estos ni a ningún otro para que muestren tal ineficacia.

ACCIÓN O MUERTE - 09/04/2013

El Gobierno acaba de reaccionar contra la práctica de los scraches, les molesta y amenazan a los ciudadanos que la ejecuten. Hay un par de cosas que quiero aclarar, desde mi punto de vista, una de ellas es que de nuevo por el poder que ostentan, ante lo que ha significado desde hace años la pasividad ciudadana, prohíben que los ciudadanos se manifiesten como les vengan en gana. Una segunda vertiente del tema, y yo personalmente no estoy de acuerdo, es la protesta ruidosa, llena de insultos, festiva, tamboril, llena de voces, llamando a las puertas y timbres de unas familias, donde además del político viven su mujer e hijos. Con esta segunda actuación no estoy de acuerdo, y creo que es donde la plataforma de afectados por la hipoteca ha perdido la partida.

Ahora se agravan las cosas, pues según he entendido, no dejarán acercarse a los manifestantes, a menos de 300 metros de las casas de los políticos sobre los que desea volcar la protesta. Sin embargo, si la reclamación se hubiera efectuado desde la presión de una presencia silenciosa, con pancartas reivindicadoras, frente a los domicilios, siempre manteniendo el respeto, pero recordándole a diario en las entradas y salidas lo mal que lo hacen, y lo vendido al poder monetario que se encuentran. A la larga hubiera dado sus frutos.

Todas las acciones han de ser continuadas en el tiempo, pero sin perder las composturas. Ellos son como son, ya están bien definidos por sus actos hipócritas, sínicos y de ignorancia hacia los ciudadanos. Pero nosotros tenemos que actuar, romper la pasividad a la que me refería al principio del escrito, luchar por nosotros, por lo que de verdad interesa a la población. Nosotros no entendemos del déficit europeo, del juego político, de cuentas en Suiza, y de todos los tecnicismos económicos, pero lo que si entendemos es de que nuestras vidas no pueden estar condicionadas por tanta delincuencia, sobre la que el Gobierno no legisla con la misma agilidad que cuando sus miembros se encuentran presionados.

Ciudadanos, movámonos, contactemos con grupos cercanos que deseen luchar por conseguir un mayor bienestar, por reclamar una justicia digna, unas condiciones de trabajo aceptables, por crear una sociedad más humana, y sobre todo una sociedad que abandone los caprichos del poder monetario. Hagámoslo nosotros cuanto antes, porque los políticos no van a hacerlo y nos llevan a la ruina. Después se retiran en las mejores condiciones posibles dejando el país con una mano atrás y otra delante, totalmente hipotecado para varias generaciones, mientras ellos se marchan con cuentas millonarias e innumerables inmuebles.

Ante esto, insisto, hay que ser más activo, dedicar un poco de nuestro tiempo para ayudarnos nosotros mismos. Agruparnos, tengamos la ideología que tengamos, como ciudadanos capaces de asumir nuestro destino. Todos juntos exigiremos nos sea devuelto el poder que la falsa democracia nos ha sustraído.

No importa en que asociación colaboremos, puesto que es obligado que posteriormente todas las asociaciones hagan causa común, y se apoyen conjuntamente para tener una mayor presencia cada día. Este es solo el camino que vislumbro para que podamos respirar el día de mañana.

Los políticos tienen que dejar de esconderse y respaldarse tras los votos concedidos, pues a ellos se les eligió para gobernar según un programa incumplido, y por supuesto para que sacaran esos 3.000.000 de puestos de trabajo que iban a poner sobre la mesa en cuanto estuvieran gobernando, y que tras un año y pico, no solo no los hemos visto, sino que se han perdido más de 2.000.000. Este es un ejemplo de cómo nos está yendo con lo que tenemos, así que convecino es hora de actuar.

En esta sociedad, como en cualquier otra, hay tanta gente válida, preparada, con estudios suficientes y diversos, que pudieran elevar el listón social, tecnológico, cultural, científico, etc. Pero cuando oyes que hay gente que tan solo aprovecha sus conocimientos para burlar la ley, se te caen al suelo las ilusiones que pudiera tener puesta en esa gente.

Si hablamos de empresarios de grandes corporaciones, hacen lo que algunos llaman: Ingeniería financiera con tal de no pagar impuestos, o pagar lo mínimo posible. Con ello, hacen que grandes corporaciones que tienen grandes beneficios, no ingresen dinero al fisco, deslocalizando sus empresas a paraísos fiscales, etc.

Si hablamos de abogados, estudian para aconsejar a sus clientes como esquivar la legalidad. Una gran mayoría lo hacen, se convierten en cómplices de sus clientes para evadir dinero, para engañar en la cuenta de resultado de sus negocios, en las declaraciones a Hacienda, etc. Buscan las lagunas de la ley y la justicia, para burlarla.

Muchos científicos, de diferentes ramas de investigación u operación, colaboran directamente en trabajos poco éticos, como expandir un mal para posteriormente ofrecer una solución. Esto sucede en términos de enfermedades para personas, animales; obsolescencia programada en máquinas, invención de armas, de virus para equipos informáticos. Investigan en la forma de engordar animales, adulteración de alimentos, producción de productos proporcionando una gran cantidad de residuos peligrosos para el Planeta y la vida.

Autoridades, igualmente compuesta de personas con estudios, que miran hacia otro lado, incumpliendo con sus obligaciones profesionales, éticas y morales. Se dejan sobornar por las multinacionales del crimen, porque entrar en muchas de las prácticas descritas, tan habituales, es poco menos que atentar contra la población, contra su salud, y contra la salud medioambiental. Lo cual tiene terribles repercusiones para los seres vivos, pero parece que a ciertas personas esto no les importa si son ellos lo que sacan una buena tajada.

Y como la justicia funciona poco, y muchas veces lo hace tan mal, que pareciese no existe para esta gente. Aunque como vimos hace unos meses, para una chica que encontró una tarjeta de crédito y gastó 190 euros en alimentos para sus hijos y unos pañales, le falto muy poco para ir a la cárcel. Si recordáis tuvo que ser indultada, debido a la ayuda de la presión social, porque su ingreso en la prisión era inminente.

Sin embargo, tenemos el país plagado de chorizos de alto nivel, esto es lo que les diferencia de la pobre muchacha, a la que me referí antes, y por su status social parece que ningún juez actúa con la misma diligencia que en aquel caso. Estos individuos, ladrones reconocidos en sus respectivos sumarios, siguen andando a lo largo de las calles de este país. Para ellos no hay justicia, no se hace justicia para que paguen por sus delitos, para que resarzan a la sociedad por el daño cometido, y mucho menos para que devuelvan los dineros sustraídos al erario público.

Hace unos días hice una búsqueda en Internet: Casos de corrupción en España desde la transición, y me escandalicé. Si hacen la prueba verán que es interminable, yo encontré tantos que me dieron para hacer una lista que me ocupó dos folios por las dos caras. Creerán que es demasiado, yo pensé lo mismo, pero es que cada gobierno ha tenido quince o veinte casos de corrupción, ¡es un escándalo! Los delitos, en algunos casos, se han juzgados y han sido castigados, de otros no nos hemos enterado, no se han publicado o nos hemos olvidado. Nadie ha devuelto nada, casi todos han comprado su libertad o bien pagaron con pocos años en la cárcel, para después seguir disfrutando del botín oculto. Y así nos va, como es barato delinquir en este país, al menos para las altas esferas, está lleno de depredadores del bien público.

Recientemente, se va sabiendo de las cuentas en Suiza y otros paraísos fiscales, y los grandes de la política española, están casi todos. Todos evaden capitales para no pagar a la Administración española.

"Han defendido" un cargo público en el Gobierno español, pero son guiris para pagar, porque aquí no dejan más que las migajas. Están pringados casi todos los grandes y sus familias, ahí tenemos el caso de los Pujol en Cataluña, de mierda hasta las cejas, con fortunas en paraísos fiscales que en ningún momento se corresponden con los haberes propios de sus cargos o actividades.

El caso Bárcenas, que chorrea sangre, con treinta y ocho millones de euros, que se sepan de momento, autor de un chantaje a la sociedad española y al Gobierno. Con un oscurantismo manifiesto de dinero negro y financiación irregular del partido popular, pero como haría caer al partido del Gobierno, todo va tan lento, y el delincuente así como sus encubridores siguen en sus cargos, diciendo cada día una mentira nueva, y paseando por las calles burlándose de todo el mundo.

Por último, ya estoy harto de que cuando alguien generaliza sobre el tema de corrupción de los políticos, siempre salen los defensores de sus derechos indicando que se hace mal en generalizar, que hay políticos excelentes. Si están, tienen que desmarcarse de sus malas compañías, tienen que dejar de darles coberturas, pues de lo contrario su complicidad les hace culpables. Tienen que denunciar a sus compañeros de partido, cosa que no están haciendo y, por eso, son igual de corruptos.

Acabo de ver las carreras de Formula 1, y me he dicho: "esto no debería de haberse celebrado, competiciones de este tipo, así como las de motos, no son necesarias en estos tiempos de crisis". Estas competiciones cuestan mucho dinero, hablamos de miles de millones de euros, y no es normal que se tenga que recortar el bienestar y la seguridad de las personas, que se tenga que comprometer el futuro de las naciones, mientras los poderosos no aplazan su juego. Parece que juegan al scalextric con coches y motos reales, pero claro es el juego y entretenimiento de los poderosos, ¿quién va a osar llevarles la contraria?

Hay otras muchas actividades millonarias, que nada tienen que ver con el progreso, ni con la producción de un país, que sin embargo son intocables. Hablamos de la competición de futbol, movimiento y entretenimiento de masas, incultura de un país, pues tan solo hay que ver el nivel de estudios de los futbolistas. Pocos son los que tienen estudios, saben que se hacen millonarios muy pronto, siendo jóvenes, tienen fama, coches de lujos, triunfan con las chicas y estas se los rifan. Así que no se preocupan de su futuro, no miran más allá del momento tan exclusivo que el círculo futbolero les brinda.

No es normal que un jugador de futbol cobre lo que cobra, que se muevan los millones de euros que se mueven todos los años con los fichajes, tanto de jugadores como entrenadores. No hay derecho a que la reforma laboral solo alcance a los de siempre, a los ciudadanos normales, cumplidores, a los que vivimos con el "¡ay!" en la boca, porque nos dan la patada cuando se les antojen a los patronos. Poniéndonos en la calle por una ridícula cantidad de dinero tras haber trabajado un montón de años. Recibiendo una risible prestación por desempleo, que cada día menguan más con la ayuda de nuestros gobernantes, a la vez que dificultan cada día más el acceso a las mismas.

Los gobernantes deberían limitar estas cosas, del mismo modo que se entrometen en otros muchos asuntos de los ciudadanos. Es hora de que le planten cara al poder monetario, y lo cuadren un poco para poner fin a este agravio comparativo con el resto de ciudadanos trabajadores. Claro, que para que esto suceda primero tienen que haber legisladores políticos, y jueces, que sean personas firmes, sensatas, y con vocación de hacer el bien para el conjunto de los ciudadanos. Mientras no se de esta situación tendremos que comulgar con rueda de molino, y tragar, que es el símil, con todo aquello que nos impongan con prepotencia, y que nosotros si no nos unimos, nos guste o no nos guste, tendremos que digerir como mejor podamos.

Los ciudadanos estamos muy dolidos, muy indignados con todos los injustos recortes aplicados por los arrodillados. Estamos muy hartos de soportar el mandato de una Europa que le importa un bledo el bienestar y el futuro productivo de algunos países mediterráneos. Ya son muchos los que vienen avisando a los que se niegan a oírnos, y serán los únicos responsables de todo lo que pueda venir en consecuencia a sus actos, con los que oprimen a las clases menos pudientes, mientras que le dan cancha y cobertura a las clases poderosas.

Requerimos honestidad, igualdad, bienestar, acabar con el desempleo, seriedad, castigo ejemplar a los corruptos, recortes a los poderosos, salarios dignos para todos, dación en pago para aquellos que no pueden seguir pagando sus hipotecas. Un Gobierno formado por un representante de cada partido político, legítimamente y legalmente constituido en España, para que se termine con los gastos de financiación de campañas electorales, con las carreras por el poder, con las condonaciones de deuda por parte de los bancos, y su consecuente arrodillamiento por agradecimiento ante estos. Se pone fin, de igual modo, a las absurdas votaciones, a la justificación de que democracia es ir a votar cada 4 años, a los gastos de las campañas electorales, y a los tan famosos "y tú más", con tal de quitar del poder al otro, con la intención de ocuparlo ellos.

El absurdo social instalado como norma de convivencia y bienestar, tiene que ser renovado por un nuevo sistema, sin compromiso hacia ningún sector que no sean los ciudadanos. Ya toca a su fin la venta de favores, las adjudicaciones a dedo, los cargos, igualmente a dedos en lugar de hacerse una selección por méritos. La dictadura en la sombra que representa la prepotencia ejercida desde una mayoría absoluta, no se puede repetir más.

No más presidentes que no dominen varios idiomas, que no sean economistas y abogados, como mínimo. ¡Que se requiere menos para acceder a la Presidencia de España, o para ser ministro, que para acceder a cualquier puesto de trabajo en cualquier empresa española!

LA POLÍTICA - 16/04/2013

La política, según mi criterio, debe ser el arte de debatir sobre diversos temas, y buscar las mejores o más eficaces soluciones consensuadas. Pensar, proyectar, elaborar teniendo siempre en mente al ciudadano, y procurando alcanzar el bienestar social en todos los ámbitos: educación, sanidad, laboral, productivo, fiscal, legal, etc.

La sociedad se debate entre: el bipartidismo existente, la lucha a favor y en contra de la monarquía, e igual actitud hacia la implantación de una nueva república. Y yo creo que soluciones de otros tiempos fueron apropiadas para aquellos tiempos, pero no necesariamente darían resultado en los momentos actuales.

La ciudadanía está ofuscada, se siente traicionada por un Gobierno que ha incumplido la totalidad de su programa electoral, que hizo campaña cuando era oposición para no subir impuestos, para no recortar en sanidad y educación, o para no tocar las pensiones de los jubilados. Pero una vez en el poder, ha rebasado todas aquellas líneas rojas, que habían dicho no traspasarían.

Ahora la batalla de este Gobierno desacreditado por lo expuesto, y por los casos de corrupción de personas de su partido político, consiste en vetar o limitar las manifestaciones y sancionar a los participantes de aquellas. Dicen sentirse presionados, y casi agredidos, ante la reclamación de los ciudadanos contrarios a las políticas capitalistas, que están empobreciendo y arruinando al país.

Se quejan de la herencia recibida, pero llevan más de un año de Gobierno, y ya no se cuántas mentiras más nos van a decir para tratar de justificar lo injustificable. Este Gobierno ignora las necesidades actuales de la población, las reclamaciones efectuadas en modo y forma a través de las recogidas de firma, etc. Tampoco quieren que se les hagan manifestaciones. No tiene un plan de industrialización, ni un modelo económico, y así es complicado sacar al país de la situación en que se encuentra.

Como digo, ya llevan más de un año de Gobierno y los resultados no se ven, al margen del empeoramiento de la situación económica y laboral que sufre el país.

Comprendo que el problema es haber seguido los dictados de Europa, pero es que a Zapatero le pasó lo mismo, por tanto y a pesar de que uno debería haber sido de izquierda y no lo fue; o que Rajoy debería ser de centro derecha y tampoco lo es, no es la acción de uno u otro la que ha provocado la crisis. Sin embargo, si hago responsable a ambos de su obediencia a los poderes monetarios y su desatención a los ciudadanos. Ambos han contribuido al empeoramiento, a la falta de credibilidad en las instituciones.

Para tiempos nuevos yo sigo reclamando un sistema político, donde los intereses de los ciudadanos estén representados por personas de diversas ideologías, con formación diversa, suficiente y afín a los cometidos que se esperan de ellos. El Gobierno debería formarse con un representante de cada partido político, que se vieran obligados a debatir y consensuar todas aquellas medidas a adoptar por mayoría. De ese modo, tendrían que hacer política desde la argumentación, con datos en la mano, con estudios previos de viabilidad, sostenibilidad, rentabilidad, y beneficios para la población.

Una forma de hacer política, en la que los ciudadanos tuviéramos intervención y decisión directa y constante en las negociaciones y proposiciones. Donde el político vuelva a su ser, un mero gestor de las decisiones de los ciudadanos, que es de donde no tuvieron que salir nunca.

Ayer hablaba con un amigo alemán acerca de la situación económica actual, por supuesto desde mi desconocimiento. Me decía que ahora era un tiempo para ahorrar y no hacer inversiones, claro que yo entendía que tal vez esa fuera la mejor opción para los que teniendo bastante, miraran por ello y no arriesgasen. Pero es que la situación en España es diferente, aquí estamos hundidos y con la política de recortes y austeridad nos hundimos un poco más. Perdemos puestos de trabajos porque las empresas no consiguen créditos para su autofinanciación, cierran y más gente va a la calle, y esto se ha convertido en la pescadilla que se muerde la cola. Si no se activa la economía, no hay consumo, y el consumo no se puede reactivar si no se palia la situación de desempleo del país.

Por otro lado, le refería que casi todos los españoles teníamos la idea de que mucha parte de la responsabilidad, de la situación actual, eran los dictados de la Sra. Merkel. Y decía mi amigo que el sabía, conocía, que los españoles pensábamos eso, pero que no se correspondía con la realidad. España, igual que Grecia, Portugal, etc., tiene la situación que tiene debido a los años que ha vivido sin control en su gobierno, sin control sobre el ejercicio desmedido del sector de la construcción, etc. Por lo tanto, ha habido unos responsables políticos que no gobernaron mirando por los intereses futuros, que no han previsto durante años las consecuencias de sus desgobiernos, y nos han llevado a la depresión económica, que ahora nos repercute a todos. Con efectos más dramáticos en las clases que hemos vivido más al día, y carecíamos de fondos reservados, cuentas bancarias con cifras de peso, etc.

Es como un chiste lo sucedido, pues aquellos que han mal gobernados durante años, tanto PSOE como PP, en la ignorancia de una gran mayoría de la población, salen reelegidos votaciones, tras votaciones; llegando a ser las dos fuerzas políticas más votadas. Sin embargo, ambas, se han sacudido las pulgas, han repartido las responsabilidades cuando han dicho que somos todos los que hemos vivido por encima de nuestras responsabilidades, y se han quedado tan panchos. Nosotros lo hemos asumido, hemos dejado que le den nuestros dineros a los bancos, haciéndonos responsables de las deudas con el exterior, nos han recortado todos los derechos adquiridos durante años, y hacen con nosotros lo que quieren a golpe de decretos que sacan sobre la marcha. Porque para eso si que no tienen ningún pudor y legislan en un abrir y cerrar de ojos. Recortar sus privilegios eso ya es otra cosa, y no vamos a ser tan ingenuos que lleguemos a pensar que van a legislar en su contra y a favor de la equidad, de la honestidad, de la independencia de poderes, etc.

Hace falta un análisis y una investigación de la trayectoria en el tiempo de estos despropósitos, que nos han llevado a la situación de ruina nacional. Hace falta que un equipo de jueces y fiscales independientes y responsables tomen cartas en el asunto, y castiguen severamente a los irresponsables, que los hay, de todo este desaguisado. Digamos, todos aquellos que colaboraron en hinchar la burbuja inmobiliaria desatendiendo sus consecuencias futuras. ¿Dónde estaban los economistas de los Gobiernos, qué hacían y en qué pensaban?, mientras tanto se gestaba un mercado ficticio, o tal vez era auténtico y generaba muchísimo dinero para los influyentes en los Gobiernos. Y para más inri, los dineros los ganaban aquí pero los colocaban en paraísos fiscales como parece ha sucedido. Digo yo, que habrá responsables de la Administración, de Hacienda, de los bancos, el gobernador del Banco de España, que han mirado hacia otro lado, ¿no?

Quiero y exijo de la justicia una investigación exhaustiva para que paguen los culpables. Como se suele decir que caiga, sobre ellos, todo el peso de la ley. Y por supuesto que no prescriban los delitos que tengan que ver con las malversaciones, el cohecho y la prevaricación, que afecten a los bienes públicos.

MANIFESTARSE - 22/04/2013

Llevo algún tiempo escribiendo en redes sociales y en mi blog, poniendo mi granito de arena mediante la divulgación de contenidos, que ponen de manifiesto situaciones irregulares de nuestros gobernantes, injusticias sociales, etc.

He creído necesaria esta dedicación como punto de partida para abandonar la no reacción, o el no movimiento, en el que veo sumido a una gran parte de la población, ante los escándalos continuos que están surgiendo en la vida social y política del país.

Creo en una respuesta firme, masiva y respetuosa, pero insistente en pro de los derechos humanos, sociales, laborales, etc. Estos derechos nos corresponden como dueños y mantenedores de este sistema social, que no capitalista, como han procurado algunos dando la vuelta a la tortilla, como si de un calcetín se tratase.

Los que gobiernan se olvidaron de nosotros hace muchos años, somos meros contribuyentes, meros NIF colaboradores, aportadores de recursos monetarios, que sirven por imperativo legal a un sistema que no es digno de nuestra especie, y mucho menos de nuestra calidad humana. Lo que pone de manifiesto el carácter extremadamente egoísta y destructor o criminal de un sector de población minoritario, que somete sin pudor alguno a la mayoría de la población, a la que acallan mediante las leyes injustas y las porras de los policías.

Se que algunos ya estarán pensando que estoy exagerando, que pudiera parecer acciones de otro tiempo, pero ha cambiado poco. Es verdad que puedes gritar algo más, por cierto no estoy de acuerdo en manifestarme de este modo, pero cuando la reunión no gusta a los políticos dan orden de cargar y dispersar a los ciudadanos, y es cuando el sistema se ratifica como de otros tiempos. Desde ese instante, es cuando se pone en entredicho el término "democracia", con el que tanto gustan fardar a los derechistas venidos al centro, que tanto se valen de él para justificar acciones o manipular la situación y a las personas.

Hacen falta mareas de personas en movimiento por sus derechos, pero haría falta, desde mi forma de ver, una respuesta silenciosa presencial, con sus pancartas reivindicadoras, sin ruidos, sin insultos, totalmente respetuosa con aquellos que no lo son con el resto de la población. Ya se que esto no es fácil cuando se reúnen miles de personas, donde hay personas de diferentes condiciones, formas de pensar, ideales diversos, etc. Es, precisamente, la expresión que jalea a la gente, la que es temida por los dirigentes y, la que provoca las cargas policiales.

Tampoco deberíamos de caer en las manifestaciones festivas o de juergas, porque siempre hay grupos que se expresan desde las tamborradas, los ritmos, y los bailes. No debemos de olvidar que ha de ser un acto serio de presencia y presión social, totalmente respetuoso, que no de pie a calificaciones que se salgan del puro contexto de la reclamación por parte de los ciudadanos hacia sus gobernantes, por gestiones mal realizadas por estos.

Insisto en esto, y se que muchos de los que lo lean pueden no estar de acuerdo, y lo respeto, solo digo como lo veo yo. Creo que se puede hacer lo mismo, pero con respeto y tratando de molestar lo mínimo posible al resto de los ciudadanos, que pudieran pensar de un modo distinto y no se han adherido a la manifestación. Posteriormente, si se consiguen resultados, ellos también se beneficiarán. Pero no podemos escudarnos en esta conclusión, porque de esta manera nadie saldría a reclamar la nuestro. Todos esperaríamos que lo hicieran otros por nosotros.

Manifestaciones donde reinara el orden y, se celebraran con el respeto que vengo expresando, ayudaría al apoyo masivo. Hay muchas personas que siguen teniendo en sus cabezas una idea de riesgo o peligro, que conlleva el salir a manifestarse. Miedo adquirido mediante la educación, transmitido de padres a hijos, reforzado por las imágenes que los medios de comunicación emiten. Es por ello, de la necesidad de modificar el planteamiento haciendo una reclamación en las calles, que sea firme, pero donde los manifestantes nos mostremos respetuosos, silenciosos y con educación. Debemos cuidar nuestros impulsos individuales, que son más fáciles de expresar arropados por el colectivo y, por supuesto, sin ningún acto violento o incivilizado, porque se puede decir lo mismo desde la insistencia, pero no nos podrán culpar de nada.

Mientras estaba recogiendo la cocina, escuchaba la radio, lo que me ha dado pie para escribir. Me resulta nauseabundo, da asco escuchar la ideología tendenciosa que todo lo limita a culpar al otro: el problema reside en la herencia recibida, ustedes no gobiernan en tal o cuál extremo, y el tú más que no falta nunca.

Cuando los otros gobernaban no hicieron ciertas cosas que ahora le exigen al otro, en general ninguno de ellos dice una verdad. Hacen un teatro con el cual consiguen mantenerse a flote, conservar su medio de vida, vivir como reyes, no verse afectados por la crisis, reírse de los ciudadanos, llevarse nuestros dineros, dar trabajo a sus amigos y familiares; así como enriquecerse de los negocios pactados a cambio de oscuros tratos y negras comisiones.

Esto es una pelota, en la que nosotros no pintamos nada porque nos tienen secuestrada la voz y el poder. Se la han compuesto de tal forma, que el poder es suyo, ellos se dotan de privilegios, y ellos dictan los deberes al pueblo. Nosotros, como mandados, a obedecer las reglas del juego establecidas unilateralmente por ellos.

Si se les protesta se protegen con un Decretazo, lanzan contra nosotros a la policía, y obligan a los jueces a defender sus derechos, que se erigen sobre la destrucción de los nuestros. Esta forma de actuar establece definitivamente la diferencia de clases, de personas y de justicia. Por tanto, para nada sirven las leyes, porque son las suyas, las que le benefician, y de ello se guardan mucho colocando a dedo a los cargos con peso especifico en cada parcela de la Administración, para el que cacique político campe a sus anchas.

Le tengo asco a la clase política débil, sin personalidad, embustera, corrupta, elitista, charlatana, sin estilo, sin valores, sin conciencia, chupaculos, de gente sin escrúpulos, de gente que no vale nada. Ese es el sentir de muchas personas en la actualidad, y de aquí a atreverse a odiar y a atacar va un pelo.

¡Gentuza!, tenéis al país en la ruina debido a la cantidad incansable de operaciones sucias que habéis hecho durante toda la trayectoria política desde la transición. Debido al saqueo continuo y constante que hacéis de las arcas públicas, y también a la cantidad de malas medidas que tomáis desoyendo las necesidades de la gente.

Lo mejor que pudiera ocurrir es que desaparecieran, de la noche a la mañana, como si un tsunami hubiera pasado y hubiera arrasado todos los departamentos de la Administración, todos los ministerios, el congreso, etc. ¡Por favor iros ya, dejad de empobrecernos!, no tenéis ni idea de economía, de progreso, de coherencia, de respeto, de humildad, de amor al prójimo. Estáis totalmente perdidos en la vanidad, en la codicia y en los mundos de yupi.

Habéis perdido el norte, vuestra formación, aquellos que la tengáis, es una lastima, pues de poco os está sirviendo más que para producir mala verborrea y acciones dañinas para las personas de nivel más sencillo, para la clase trabajadora del país. Esa clase social que muchos de ustedes desconocen, porque ustedes solo saben de triquiñuelas, de negocios turbios, de complots, de mantener las reglas del juego vuestro, no del nuestro, no del que nos favorece a todos.

Como veis, los ciudadanos estamos "encantados" con ustedes. Son ustedes los únicos responsables de lo que os suceda, no olvidad que estamos bajo la ley de causa-efecto, y todo lo que estáis haciendo tiene sus consecuencias, que las vais a pagar. Ustedes si que están provocando a los ciudadanos, ¿para esta coacción y opresión que está provocando vuestra dictadura no hay decretazo?

REACCIONAR O MORIR - 27/04/2013

No se qué tiene que pasar más para que las personas tomemos conciencia de la necesidad de reaccionar, de movilizarnos, de asociarnos, de llevar nuestras protestas a aquellos que mueven los hilos, y nos están dirigiendo nuestras vidas por las vías que a ellos más les interesan.

Tengo claro que a una gran parte de la población, las medidas políticas restrictivas les está haciendo un daño que necesitará de varios años para sanarse, pues ya no podremos decir que algo va a ser igual a como fue antes. Se han encargado de deteriorar tanto la situación, y hay tantos grupos beneficiándose del desastre social, económico y laboral, que casi han dejado como alternativa, empezar de nuevo, tras una retrocesión en el tiempo en cuanto a lo que representa: bienestar, derechos, etc.

La frase celebre: "Tenemos lo que nos merecemos", la hacemos buena con nuestra inoperancia, con nuestra pasividad, con nuestra entrega a la centrifugadora social, a la batidora de derechos, y a la destructora del bienestar. Tres funciones en una misma máquina presentada por la asociación multinacional del poder monetario, especialistas en modificar las condiciones de los pueblos, arruinándolos, desindustrializándolos, humillándolos, arrodillándolos, haciéndoles dependientes de su sistema financiero.

La condición humana es flexible, es buena encajadora de golpes como viene demostrando, y parece que le gustase su papel de sparring, que es el adversario que le ponen al boxeador, durante su entrenamiento, para que se lleve los puñetazos. Esto es lo más lamentable para mí, que sigamos encajando, que nos dejemos golpear continuamente, diariamente, que protestemos en privado y nos falte valor para sacar nuestras voces fuera de nuestros círculos de amistad, fuera de nuestras casas, y de nuestras tertulias.

Cualquier problema es una desviación de lo que nos conviene y, en estos tiempos las conductas de muchas personas, en especial, de aquellas que debieran llevar el timón del barco, parecen están fuera de servicio, distraídas, engañadas, o trabajando egoístamente para sí. Hay cantidad de comunicados engañosos, hablan constantemente de expectativas falsas, cambian de versión como si de una veleta al viento se tratase. Los ciudadanos están confundidos, indignados, desorientados, desanimados, reprimidos, empobrecidos, mientras que los dirigentes aún no han comenzado a vivir la crisis, no les puede alcanzar porque se rigen por códigos económicos, éticos, y morales muy poco sensatos con estos tiempos de crisis.

Hay que salirse del euro, del control de estos gobernantes ineptos, del dominio de Europa. Hay que salir de las casas a decir a los cuatro vientos que ya estamos hartos, que no soportamos más recortes injustos. Hay decir que este no es el camino hacia la prosperidad futura, que esta senda es la del empobrecimiento masivo, donde como vemos el rico y el pobre se distancian cada día más, gracias a la falta de reacción y valentía de nuestros gobernantes, y por supuesto al consentimiento de los ciudadanos. Ya tendríamos que haberles cantado las cuarenta al concierto bipartidista inútil, que no ofrecen soluciones al margen de los dictados de Europa, descuidando los intereses propios de España.

La indignación se puede volver agresividad en cualquier momento, y las cosas se pueden poner muy feas. La agresividad lleva a la violencia, a los pensamientos destructivos, y de estos a padecer dolor, sufrimiento, etc. Esto no conviene a nadie, pero es que ya está bien. Señores políticos comiencen a gobernar, abandonen la trinchera de la que llevan año y medio valiéndose: "la herencia recibida". Hagan política en el congreso, olviden la mayoría absoluta para imponer solo lo que a su ideología se le antoje. Consideren todas las propuestas de las diversas fuerzas políticas que apunten hacia posibles salidas de la crisis. Apuesten por todas aquellas medidas que sean buenas para los ciudadanos y apártense del continuo complacimiento de los dictados de los poderes monetarios.

MANIFESTACIÓN 1º DE MAYO - 01/05/2013

Más de seis millones de parados en España, un millón y medio de parados en Andalucía, y aproximadamente trescientas mil personas paradas en Sevilla. Hoy día primero del mes de Mayo se celebra el día del trabajo con varias manifestaciones en la ciudad. He tomado parte en la convocada por CNT, CGT, SAC y 15M, con salida a las 12h desde Avda. de Hytasa (Cerro del Águila) para concluir en Avda. de la Soleá (Polígono San Pablo).

A pesar de las cifras abultadas de personas en situación de desempleo, y de la cantidad de personas que aprovechan para protestar en las redes sociales, muchas de las cuales son conocidas, contactos míos. A pesar de todo ello, no me he encontrado con nadie de estas personas a las que me he referido.

Si estuvieron y no les vi, bueno, pero si no fue así me quedo estupefacto de la incoherencia y el poco compromiso de la gente. Las excusas pueden ser múltiples, así como las argumentaciones, ya se que cambiar el sistema anclado, oxidado, amañado y concebido para blindar la posición de privilegio de algunos, así como su impunidad; es harto difícil, pero lo que no podemos es dejar nuestros culos pegados en nuestros sofás, viendo la tele, mientras nos machacan alegremente y a su gusto.

No hay que pensar que manifestarse es violencia, ni que siempre la policía va a estar repartiendo palos. No hay que sentir miedo, porque el miedo paraliza. No hay que pensar que es una perdida de tiempo porque todo parece no moverse, pues la presión social muy poquito a poco va dando sus resultados. Cuando existe una oportunidad para salir a la calle en pro de nuestros derechos, ¿es mucho dedicarle dos o tres horas para hacer un recorrido peleando por lo que nos pertenece?

La manifestación se ha completado sin altercados de ninguna clase, los asistentes han seguido el acto con educación y preocupados con la situación actual del país.

Era frecuente estar rodeados de personas, de todas las edades y sexo, que caminaban mientras mantenían conversaciones que giraban entorno a la política, Gobierno, paro, crisis, etc. He apreciado a gente muy comprometida con la causa.

Muchas personas han acudido desde diferentes puntos de la ciudad, y han llegado en sus bicicletas, llamándome la atención que verdaderamente venían a manifestarse. La bicicleta la han usado como mero transporte de ida y vuelta a sus domicilios, la totalidad del trayecto lo han realizado a pie, llevando sus bicicletas de la mano. Han prendido banderas de sus bicicletas y a caminar, como ya he dicho, con orden y respeto absolutos.

Me llevo muy buena impresión, tengo que equiparme mejor para la próxima, he disfrutado de compartir este tiempo por la lucha de nuestros derechos sociales y laborales. A ver si organizamos un grupito de conocidos para futuras reclamaciones públicas en la calle. ENTRE TODOS, SI SE PUEDE.

PAZ - 29/05/2013

Empiezo a cansarme de tanta publicación de protesta, estoy asqueado de mover mensajes por la red, de compartir información de terceros en este sentido, de dar vueltas y vueltas a la indignación; porque de todo se harta uno. Es como mover la materia pestilente de las cloacas, que bien merecido se lo tienen muchos de los políticos, por habernos llevados a la situación en la que estamos. Pero hoy voy a dejar en paz a todo el mundo.

Hablemos de la paz, representada por la paloma blanca, en otros momentos por el signo hippie, por la canción Imagine de John Lennon. Hablemos de la necesidad que tiene la humanidad de vivir en paz, de que toque a su fin los juegos de la guerra, las muertes ABSURDAS de cualquier bando, e incluso de que hallan personas que se especialicen en enfrentar a las poblaciones de hermanos para que derramen su sangre, ¿en defensa de qué?

Nada hay que defender que te haga perder la vida, a nadie hay que seguir para conseguir la paz, por nadie hay que portar un arma, y mucho menos por nadie hay que matar a los semejantes. Todo nuestro esfuerzo ha de ejercerse en la dirección de la obtención de la paz, en las zonas de la Tierra aquejadas por el mal endémico de un macabro negocio gubernamental.

No quiero que exista un negocio de armas, no deseo que exista esa predisposición a la mal llamada defensa, como justificación a la tenencia y uso de las armas. No se puede vivir atemorizado como se están criando muchos niños, que desde pequeños no saben lo que es una noche sin destellos luminosos y explosiones.

No quiero este tipo de vida para ninguna criatura de este mundo. Nadie se merece vivir en el miedo, dentro del temor, del terror y la violencia continua. Ni de noche ni de día se ha de poder descansar en esas condiciones. ¿Por qué no se pone fin a toda esta tortura y crimen contra la humanidad?

¡Claro que vivo preocupado, sin perder de vista a toda esa gente! ¡Claro que me apena saber que se mueren niños por falta de alimentos o atenciones médicas, de las más básicas aquí en nuestro país! ¡Claro que me muero de vergüenza sabiendo que los gobernantes de esos países viven como reyes! Muchos de esos países cuentan con recursos para ser un primer mundo, pero solo viven sus reyes o dirigentes, mientras la población muere poco a poco, cada día, en silencio, con dignidad y resignación. ¡NO HAY DERECHO!

¿Dónde están y qué hacen las grandes organizaciones mundiales que tienen por misión y responsabilidad, equilibrar el mundo, paliar los grandes problemas que asolan a la humanidad, en especial al mal llamado tercer mundo?

Todo es un gran engaño desarrollado por el egoísmo, por el mal del dinero, por los intereses monetarios de los grandes grupos, y por el sometimiento de muchos cobardes que han sido incapaces de hacerles frente para dejar de arrodillarse ante tan baja calidad de persona. Personas que han perdido el norte, que se han pervertido por la prepotencia que creen les aporta el poder.

Miremos a los ojos, sonriamos desde el corazón, amemos a los demás, deseémosle lo que quisiéramos para nosotros. Hablemos lo justo, abrasémonos, ayudémonos. Un mundo mejor es posible siempre, infinitamente mejor.

ONGs - 03/06/2013

Es tan triste no estar seguro de la condición de algunas personas, que hacen pagar a justos por pecadores, como se suele decir. Veo un anuncio en televisión de una ONG, pidiendo ayuda para las personas que nos muestran en televisión, evidentemente personas necesitadas, que este es otro tema a estudiar. Por qué existe esa extrema pobreza o dejadez e indefensión que sufren esas criaturas. Pero sin alejarme de la idea que me suscitó el anuncio televisivo, y habiendo oído en otras ocasiones que algunas ONGs habían desviado fondos o hecho un mal uso de los mismos, te hace retroceder en tu voluntad de cooperar por falta de fiabilidad.

Aún más importante, crítico y lamentable, me parece que exista este terrible escaparate para el resto del mundo. Me pregunto: por qué el resto de la humanidad consiente que esto suceda y no se da una solución solidaria mundial, donde se comprometan todas las culturas, todos los países, sus gobiernos, etc., a poner fin a esta miseria que tanto sufrimiento y dolor genera.

Ese dolor es nuestro también porque una parte de la humanidad, que es una parte de un todo indivisible, vibra al unísono, no va cada uno por su lado aunque muchos se lo crean. Es por ello que se hace necesario, además que por solidaridad y amor, el poner solución a este genocidio que el mundo desarrollado comete con el mundo subdesarrollado.

La tecnología, los avances en los diferentes campos de la ciencia nos pertenecen a la humanidad y son para el bien y el provecho de todos los habitantes del planeta. ¿Tan difícil es, enseñar, dar los medios para que aquellos se pongan a un nivel de vida similar, que puedan obtener sus recursos primarios, alimentarios, productivos, sanitarios, educativos y mejoren como civilización, para poder esquivar el horror de una vida de muerte temprana, miseria y enfermedad?

¿Quiénes impiden que esto suceda, a quiénes interesa que el escaparate continúe?, es como si alguien sacara provecho de estas imágenes para el mundo desarrollado, es como si estuvieran ahí para hacer saber que nos podemos ver así. No entiendo nada, pero en el fondo de las mentes obtusas tiene que haber algo de esto, porque llevo desde que era un niño viendo en televisión los mismos pueblos con las mismas carencias. Sabiendo que hay organismos, que llevan los mismos años comiendo de hacer gestiones para paliar estas deficiencias, pero que nunca lo hacen. Ni erradican el hambre en el mundo, ni erradican las enfermedades básicas o infantiles, que raramente se dan en nuestros días, salvo en esos lugares de la Tierra.

Ahora mientras escribo, se están muriendo por diferentes razones injustificadas en muchas partes pobres del mundo, sin que hagamos nada. Se proyectan grandes actos o eventos deportivos y de cualquier índole, se gastan ingentes cantidades de dinero en ello, se disputan los lugares de celebración como si de algo vital se tratase, pero no importa, se prefiere vivir en la ignorancia de lo que está sucediendo en la Tierra. Nadie se siente responsable de ello, todos nos levantamos cada día para cumplir con nuestras obligaciones más inmediatas, mientras somos colaboradores, por dejadez, de aquella situación de pobreza y exterminio.

¿Dónde esconden la cabeza los responsables de esos países, los políticos que cobran para que esto termine? ¿A qué dedican su tiempo las organizaciones responsables de remediar esta vergüenza? Mientras tanto, millones de euros que se van para un lado y para otro, billones de euros, dólares, etc., se emplean en obras faraónicas, campañas armamentísticas, guerras inútiles, películas que aportan un poco más de violencia y maldad, pensiones millonarias para banqueros, y un sin fin de temas absurdos. En tanto en cuanto, a una parte de la humanidad, de seres como usted y como yo, ayudamos a negarle su existencia.

RENOVABLES O MORIR - 08/06/2013

El tiempo pasa, y la humanidad se va adaptando a los tiempos, a las nuevas tecnologías, a los avances científicos y de todo tipo. La vida se hace una con todos los adelantos pues no son más que parte de la misma, pero el Planeta se queja por el sobrante de residuos contaminantes vertidos a la atmosfera, enterrados o echados a las aguas de ríos, mares y océanos; que se generan para conseguir estos avances. Lo que se convierte en una práctica peligrosa para todas las especies que habitamos esta parte del universo.

La humanidad es inconsciente de lo que está provocando, cada cual fabrica aquello que pretende colocar en el mercado con cierto descuido de las consecuencias de hacerlo. La elaboración de casi todos los productos industriales, produce cantidades mayores o menores de residuos, algunos de ellos reciclables y, otros por ejemplo, al haberse obtenido de reacciones diversas entre materiales diferentes, se vuelven altamente peligrosos o contaminantes; y no se sabe como eliminarlos.

Faltan los estudios reales y rigurosos para conocer qué se va a fabricar, qué cantidad de residuos va a generar, de qué tipo, y lo más importante: cómo se va reciclar si lo permite, cómo se va a tratar o si se puede eliminar; cuáles serán las repercusiones para el hábitat, el entorno, la población tanto de personas como animales, para el medio ambiente en general.

A los proyectos industriales se les adjunta una evaluación de impacto medio ambiental, que casi siempre sigue un modelo ya preestablecido, que se copia y se adapta a la actividad nueva, pero es muy ligero y poco descriptivo en cuanto a ahondar en los conceptos ya expuestos anteriormente. Por supuesto, todo lo negativo se trata de encubrir, y pasar de puntillas por encima para que no rechacen el proyecto. ¿Y los técnicos de la Administración cómo valoran los daños, repercusiones y consecuencias? A veces, muchas veces se pasará la mano por ser un grupo industrial importante, por ser conocido de alguien, o sencillamente porque va a ofrecer puestos de trabajo, aunque a largo plazo lo que genera sea muerte.

España es rica en horas de sol, en grandes espacios bañados por mares, en zonas donde azotan fuerte los vientos, etc. y, es por ello, que debe investigar en la eficiencia de las energías renovables, en la mejora de los rendimientos de los materiales empleados en este tipo de instalaciones, que aprovechen la energía del sol, del viento o de las mareas. Somos unos privilegiados con referencia al lugar geográfico que ocupa nuestro país, a la cantidad de horas de sol que tenemos. Sin embargo, esta excelencia geográfica siempre se ha explotado para traer turismo a nuestras costas y al resto de las ciudades. ¿Por qué no nos metemos a fondo en la investigación de las técnicas y aprovechamiento de estos recursos gratuitos, supuestamente inagotables?

Estas energías limpias nos liberarían de la dependencia del petróleo y de sus derivados, de la contaminación resultante de su combustión, y nuestras ciudades serían más respirables, más saludables, provocarían menos enfermedades alérgicas y respiratorias. ¿Por qué nadie le da esquinazo al petróleo, por los grandes impuestos, por el gran negocio que supone?

Hace muchos años que tenemos la tecnología suficiente para no depender del petróleo y sus derivados. Se inventó un motor que funcionaba con agua, otro con hidrogeno, eléctrico, con imanes, etc., pero de unos han comprado las patentes y las han guardado en un cajón para que no vean la luz, y otros lo llevan a ralentí porque el poderoso sector automovilístico se resentiría tal como hoy lo conocemos, así como el conglomerado de países productores de petróleo que no dejan títere con cabeza que vaya en contra de su oro negro.

Hace tiempo vi unos vídeos, eran nueve, acerca del coche eléctrico, se titulaba: ¿Quién mató al coche eléctrico?, que les recomiendo que busquen en Internet, y ya en Estados Unidos, si no recuerdo mal General Motor por los años 60,70 puso en la calle varios vehículos eléctricos con una acogida y una eficacia fuera de lo común. Estos vehículos eran mucho más económicos que los de combustión interna, no requerían mantenimiento alguno, o sea no pisaban los talleres, pues no hay cambios de filtros, ni de aceites o líquidos en cuestión, no hay averías pues son simples, no tienen la innumerable cantidad de piezas de los automóviles actuales y, claro, se reunieron los grandes fabricantes que veían que esto terminaba con su red de talleres y sus beneficios del mantenimiento y reparaciones, y fueron retirándolos.

Como saben, en Estados Unidos, generalmente, no se compran coches, sino que se alquilan por un periodo de tiempo, es como un tipo de renting pero a particulares, pues bien, tal como se cumplían los contratos de los vehículos eléctricos no los renovaban los fabricantes, los retiraban y los destruían. Así, sencillamente, los pusieron en la calle, ilusionaron a la gente, y posteriormente le quitaron el caramelo para tirarlo a la basura.

Con esta mentalidad no nos puede ir bien, pues el todo de esta existencia no puede ser las cuentas corrientes, las cifras, los beneficios; tiene que existir el placer de hacer por hacer, y el de hacer feliz a la gente.

ADA COLAU - 08/06/2013

En el día de hoy quiero brindar por la persona de Ada Colau, la persona que se encuentra al frente de la PAH (Plataforma de Afectados por las Hipotecas), y dedicar mi escrito a esta mujer luchadora, que con valentía pelea para conseguir que los más necesitados o aquellas personas que no pudiendo pagar sus hipotecas, no sean desahuciados. Tratando de obtener compromisos del Gobierno y de los bancos para que la devolución de las viviendas cancele la deuda por el concepto de hipoteca; lo que se ha dado en llamar la dación en pago. Del mismo modo, se plantean otras salidas para aquellas personas que no puedan pagar en la actualidad su hipoteca, se les conceda demora en el pago, o bien llegar a un acuerdo de un alquiler social de bajo costo, para que las personas, matrimonios, niños, etc., no se vean en la calle por los dictados de una ley de más de 100 años de antigüedad, y el apoyo de los políticos a los banqueros.

Ada está embarcada en esta tarea, se ha hecho conocida por estar inmersa en esta labor junto a los más desfavorecidos, así como por verla en televisión, invitada a diferentes tertulias, entrevistada a pie de calle, o interviniendo en actos políticos. Porque calidad oratoria no le falta, más bien deja en mala situación a según cuales políticos. Se expresa con claridad, educación, es directa, va por derecho al meollo de la cuestión, sin rodeos, sin verborrea a la que otros nos tienen acostumbrados. Da gusto oírle.

Y como no, tiene sus detractores, aquellos con complejo de inferioridad no soportan que una persona valiente y sobre todo mujer se haya echado a su espalda esta responsabilidad, este liderazgo, y que además resalte por sus cualidades: saber estar y expresarse mejor que muchos. Otros no le perdonan que se haya hecho popular por una causa tan justa, y por último están los que quieren tumbarla mediante el argumento de que cobra subvenciones, y yo pregunto: ¿Señores, qué asociación, colectivo, etc., no es subvencionado?, si los mismos partidos políticos, sindicatos, etc., cobran un buen pellizco del erario público.

Las personas nos hemos acomodado por los años de bonanza que hemos vivido, y a muchos les es incomoda la presencia de la lucha en las calles. No quieren ver revueltas, no quieren conflictos, y querrán que las cosas se arreglen solitas. Pero lamentablemente, los legisladores nos han dejado acorralados contra las cuerdas, utilizando un símil pugilístico, y tenemos muy poco margen de maniobra. El sistema se ha blindado mediante leyes a medida, que beneficia y da privilegios a los gobernantes y círculos cercanos, impidiendo nuestra intervención efectiva e inmediata en cualquier apartado de la vida política-social de nuestro país.

Es por ello que una respuesta seria, constante, directa, y con las ideas claras de las metas a conseguir, se hace necesaria para la protección y protesta de la ciudadanía. Estamos indefensos ante una justicia que no es igual para según que poder adquisitivo, estatus social, etc. Nos sentimos impotentes ante el amurallamiento de las instituciones, y los Scraches ha sido el único modo de hacer llegar la opinión y la protesta del ciudadano al político.

También muchos lo han criticado, pero estoy seguro de que estos no han tomado conciencia de esa indefensión e impotencia a la que me refería anteriormente, o viven de lujo por ser de otra élite. Sí defiendo que estas manifestaciones, enfrente de la casa de los políticos, se lleven a cabo con total respeto hacia los vecinos y familiares de aquellos. No hace falta pegar pegatinas en las puertas ni llamar a las puertas, la sola presencia del grupo con sus pancartas para recordarle al político que es responsable de lo que está sucediendo, en cada salida y entrada a su domicilio, creo es suficiente desde mi manera de ver.

Para terminar, ¡Enhorabuena Ada!, deberíamos tener en el territorio nacional más Adas, que muevan voluntades por causas tan dignas como la que tu defiendes.

MARTA DEL CASTILLO - 12/06/2013

Hoy, de nuevo, Marta, buscan tus restos en un lugar de una finca del término de La Rinconada, de la provincia de Sevilla. Desgraciadamente, la credibilidad de tu asesino es casi nula, tras haber cambiado la versión de los hechos, creo que unas siete veces. Cuantas veces se modifica la versión, se abren las puertas de la esperanza de encontrar tus restos, y el dolor inconsolable de tu familia se reaviva.

Se han dicho muchas cosas, y tú solo te enamoraste de un ser despiadado, desequilibrado o cruel, que hizo algo terrible, con ayuda de no se sabe ya cuantos implicados. Lo que es evidente es que solo no pudo resolverlo, porque no tenía vehículo y porque para deshacerse de tu cuerpo, limpiar el piso donde ocurrieron los hechos, etc., se necesitaba la colaboración de terceros. Sin hablar de la sangre fría mostrada por tu asesino confeso, poniéndose al lado de tu familia en los primeros días, colaborando en tu búsqueda, cuando él había sido el autor de lo sucedido.

Ante la falta de veracidad de los relatos o confesiones del delincuente que acabó con tu vida, comprendo que el papel de los jueces ha de ser muy complicado, y esto es lo que justifica que en un principio se culparan a ciertas personas, incluso se les privara un tiempo corto de libertad, y que posteriormente se les liberara.

Quizá hayan pretendido que todo fuera una confusión que propiciara el desmentirse de la autoría del crimen y, por supuesto, que no apareciera el cuerpo para evitar una condena más dura. Incluso, tal vez, se haya tratado que pasara el tiempo para que aunque apareciera el cuerpo no pudiera añadir información forense.

Nada hay claro en este caso desgraciado, tan solo que un día saliste de tu casa para no volver más. Que tu familia sigue sufriendo por tu pérdida desde entonces, porque no han podido dar sepultura a tus restos, y con ello cerrar el duelo.

La policía hace cuanto puede, se utilizan todos los medios posibles, se draga el Guadalquivir, se remueven toneladas de basuras en el vertedero de Alcalá de Guadaira, se abren zanjas en Camas, ahora en La Rinconada, y todo sigue en el aire. El culpable no debe ver más la calle en su vida puesto que tú tampoco puedes seguir la viviendo tuya. El culpable o los culpables truncaron tu futuro, tu alegría y la de tu familia y, sería de justicia que los culpables pagaran por ello hasta el final de sus días, sin ningún tipo de beneficio penitenciario.

Marta, toda Sevilla ha llegado a conocerte, lamentablemente, a través de las fotos que todos colaboramos a difundir cuando se te buscaba en los primeros días de tu desaparición. Siempre te recordaremos y sentimos que no hayas podido escribir las páginas que en blanco quedaron en el libro de tu vida. ¡Marta hasta siempre!

EXPLOTACIÓN INFANTIL - 12/06/2013

Hoy mi escrito va en honor de los menores que están obligados por las circunstancias que les rodean, y les obligan a vivir momentos que no les corresponden a su corta edad. En relación a esto, quiero mostrar mi desacuerdo e indignación con la obligación a trabajar de los niños, en lugar de estar formándose en las escuelas y jugando con otros niños, que es lo que corresponde a una edad tan temprana.

Hay otras atrocidades que se hacen con los menores, vulnerando todos los derechos y las leyes. Esas mismas leyes que deben garantizar la protección de los más indefensos, como son los pequeños. Hay países que militarizan a los niños, les hacen "hombres" cuando solo son niños, les obligan a odiar, a herir y a matar. Todo esto ha de hacer un daño terrible, y tal vez irrecuperable, en una mente que se está formando, que no tiene la maduración necesaria para vivir el horror de la guerra y de sus daños colaterales.

Otros países han fomentado, de algún modo, la explotación sexual, obligando a prostituirse a los menores, como único medio de aportar dinero a sus familias. Prestando un servicio depravante a lo que se ha dado en llamar turismo sexual al servicio de adultos degenerados, que buscan estímulos diferentes, pero vejatorios para los menores, que no están preparados ni físicamente, ni psicológicamente, para asumir esa situación.

Además de las tramas existentes que posibilitan estas ilegalidades, la humanidad soporta otras formulas trágicas, que sirven para ganar dinero sucio, y entre estas tengo que hablar del trafico ilegal de personas, en este caso de menores, mediante raptos, ventas de seres, o extracción y venta ilícita de órganos.

De nuevo, y como he comentado en otros escritos, el mundo desarrollado, acomodado, con su mente puesta en sus pretensiones suntuosas, en su consumo de muchas cosas innecesarias, ignora consciente o no, irresponsablemente, esta situación mundial que castiga a los menores que se ven obligados a esfuerzos diarios impropios de su edad.

Se sabe que países como: India, Brasil, Tailandia, Vietnam, Haití, Cuba, Senegal, etc., son zonas de la Tierra que concentran casi la totalidad de todas las infamias que se están cometiendo con este colectivo indefenso al cual se le está destruyendo, o al menos provocando un daño irreparable, que va a condicionar la vida de los menores implicados en estas explotaciones. Esto les anula como seres humanos, les niega una vida digna, les han robado la infancia a cada uno de esos niños, mientras que los Estados hablan y hablan, pero hacen poco o nada por poner fin a este terrorismo infantil. Hay demasiada tolerancia, se aplica una diplomacia inexplicable entre gobernantes, y el resultado es que sigue la explotación.

¿A QUÉ JUGAMOS? - 16/06/2013

Aunque como he dicho en otras ocasiones, en estos tiempos, no tiene sentido que se recorten gastos en servicios primarios como sanidad o educación, y que sin embargo se sigan celebrando grandes premios de motociclismo, de automovilismo, se sigan realizando fichajes futbolísticos millonarios, se permitan los grandes sueldos de deportistas, artistas, políticos o banqueros. Todo esto se hace incomprensible, y ya sé que algunos pensaréis que con el dinero privado de aquellos grupos empresariales que organizan los eventos deportivos o los fichajes a los que me he referido, que hagan lo que quieran, pero al menos me permitirán que no lo vea en consonancia con la situación económica, social y laboral, actual.

Me gustan las retransmisiones como las de hoy, y mientras no las aparquen las veré, pero lo cortés no quita lo valiente, y lo expuesto anteriormente es mi manera de pensar. Lógicamente, si no celebraran los grandes premios, las carreras, para mi sería coherente. Al mismo tiempo, si las grandes fortunas buscaran hacer negocio promoviendo industrias, progreso, y puestos de trabajo para el ciudadano en general; sería una forma de actuar más consecuente.

Por esto no entiendo la lucha de Madrid por la celebración de los juegos olímpicos para el 2020, las inversiones que se han hecho con tal fin, las que se estarán haciendo aunque no les den publicidad al asunto; mientras se están produciendo cientos o miles de dramas sociales: familias desahuciadas por no poder atender sus deudas con los bancos subvencionados, parados de larga duración, familias donde todos su integrantes estén en paro, niños que no pueden alimentarse adecuadamente, y pensiones que ya no dan para más porque sirven para comer varias familias.

Por todo lo expuesto, no sé en qué piensan, o qué es lo que importa a nuestros dirigentes. Dónde están las cabezas de nuestros gobernantes, cuáles son sus intereses y cuánto les importan los ciudadanos. Cuál es el orden de las prioridades de los que están decidiendo por nosotros, que le dimos nuestros votos para que gestionaran nuestras decisiones, no para que nos obligaran a compartir las suyas. Ellos se han erigido en nombre de un poder que dicen les han otorgado las urnas, cometiendo un error intencionado de interpretación de lo que significa un sistema democrático.

Me gustan las motos pero puedo pasar sin ellas, así mismo con los coches y otras muchas cosas, pero lo que no me gusta es que no tengamos una sanidad de primera, una educación de primera, un nivel aceptable de investigación, industrialización, desarrollo, progreso, concienciación, etc. Sumir en la pobreza a un país puede ser hasta fácil si gastamos y nos endeudamos por encima de nuestras posibilidades. Eso es no saber gobernar.

Lo difícil es conseguir unos resultados positivos en todo lo que supone mejoría del bienestar de los ciudadanos, y sin embargo es el deber del Gobierno. Yo no entiendo como rigen, desconozco un proyecto industrial y de desarrollo para alcanzar ese bienestar necesario, que nos supla las carencias actuales. Se siguen los dictados de Europa mientras dejan de poner en marcha una estrategia propia, basada en nuestros recursos, en la mejora de los mismos procurando industrializarnos más, yo no veo otra forma. Al menos que todo lo quieran hacer de una forma subvencionada, ellos que tanto critican vivir de las subvenciones. Parece que han montado nuestras vidas alrededor de las aportaciones del banco central europeo, y como consecuencia nos endeudaremos más y más.

ESPIONAJE I - 18/06/2013

Ayer en los medios de comunicación pudimos enterarnos que la Agencia Gubernamental de inteligencia británica había pinchado los teléfonos de los miembros de la última cumbre del G20. Días atrás, e igualmente por filtraciones de Edward Snowden, nos enteramos que EEUU dio orden de pinchar teléfonos a sus ciudadanos, interceptar los emails y demás comunicados en las redes sociales, con el pretexto de ejercer un control de vigilancia contra posibles ataques terroristas.

Estas no son formas de vivir, desde el miedo y la desconfianza, desde el espionaje y la traición. Desde el ejercicio del control de los ciudadanos y homólogos de las reuniones internacionales. ¿Por qué tanta desconfianza? Tal vez haya que meter menos las narices donde no se les llaman, ya es hora de que dejen de hacer de padres de las otras naciones o países, que todos tienen sus criterios, sus políticas y sus modelos sociales. Habría que aplicar el dicho: Vive y deja vivir. De lo contrario las sospechas infundadas no os dejarán vivir.

Estas situaciones ponen de manifiesto cuán funestos son los pensamientos de las élites de cabecera de los países poderosos de la Tierra. De las falsas relaciones que existen entre ellos, de lo poco que confían los unos en los otros, de lo vulnerable que somos en manos de dirigentes irrespetuosos, desarmados y desaprensivos. Esto indica la mentira sobre la que se sustentan las estructuras diplomáticas internacionales, y viene a decir que a todos los niveles se quiere saber más, o lo mismo, que el que tienen sentado al lado, para jugar sus cartas y tratar de ganar la partida.

Siempre la codicia y la ambición desmedida haciendo que ciertos individuos saquen lo peor de estos arquetipos de hombres, pues estos no son hombres en el sentido más profundo del término, son alimañas atentas a la depredación. Se sienten acosados y acorralados, se sienten victimas y por eso atacan. No confían en nadie, sonríen a todos, estrechan sus manos, se abrazan, se hacen la foto, comparten asuntos, pero se clavan el cuchillo por la espalda, se preparan trampas como la que realizaron poniendo a disposición de los asistentes al G20 un espacio cibernético para que realizaran sus comunicaciones en la red. Un aparente y complaciente acto que simula querer mejorar el servicio a esas personas, cuando lo que se quería era conocer los contenidos de sus comunicados y sus claves para acceder a sus correos. ¿Cómo llamamos a esto, si no una traición?

Da nauseas saber que el mundo o una parte influyente del mismo está dirigido por esta clase de personas, que bien directamente ordena estas acciones, o bien indirectamente las aprueban. Estas personas han perdido el norte, sus mentes se alejan de la bondad, de la generosidad, del respeto hacia los demás y por supuesto del amor al prójimo. Es que no saben nada de todo esto, sus mentes han de estar podridas de pensamientos negativos, de desconfianza, de intereses monetarios, de negocio armamentístico, o sea de todo aquello que equivale a destrucción directa o indirecta. De todo aquello que hace estancarse a la humanidad en la mediocridad.

Estos míseros individuos no se levantan, ni se van, ni dejan sus cargos al ser descubiertos. Se sienten patriotas, estaban velando por la seguridad de su país o nación, convencen a sus simpatizantes que le jalean enloquecidos, que les siguen votando, que siguen aportando dinero para sus campañas electorales. Desde luego que hay mucha gente hipnotizada.

EL FMI AL ATAQUE - 19/06/2013

El FMI vuelve al ataque, claro está, que los blancos somos de nuevo los trabajadores. Esta entidad le exige al Gobierno español que tiene que abaratar más los despidos, aunque con la anterior reforma laboral y con el abaratamiento del despido, aumentaron los desempleados en este país.

Otra medida que exige al Estado español es la bajada de los sueldos de los trabajadores. Desde luego que esta gente nos lleva a la miseria total. Se amparan en el sistema chino, y es su deseo que trabajemos por sueldos de limosna, pero pregunto si ellos, los portavoces de estas medidas también cobran 500 ó 600 euros, como pretenden situar el panorama laboral español.

Hay que ser sinvergüenza para decir que esta es la salida, pero salida a qué situación. No será esta la medida para paliar el gran número de personas desempleadas, pues la base de este desastre es el bajo consumo debido a los menores ingresos de las familias. Si se bajan los salarios, se consumirá aún menos. Si se abaratan los despidos, se les facilita a las empresas las ridículas indemnizaciones que en estos momentos tienen que abonar los empresarios por poner en la calle a sus trabajadores.

No entiendo que estas medidas solucionen algo de la desequilibrada situación económica. Las manos negras están detrás de las manipulaciones, no sé quienes están moviendo intencionadamente los hilos para hundirnos, mientras que los ineptos gobernantes que tenemos empiezan a hablar de luz al final del túnel. Díganme de qué luz se puede hablar con las perspectivas que se avecinan si se siguen fielmente los dictados del FMI.

Destruir la economía de las familias imposibilita el consumo, pedir créditos, pagar nada a plazos, porque no hay seguridad de tener trabajo mañana o liquidez para gastar en algo que no sea alimentación. ¿Esto no lo ve nadie del Gobierno?, espero que estos ineptos arrodillados tengan la valentía de empezar a incorporarse, y sean capaces de oponerse a medidas como las adoptadas en estos tiempos pasados, con las que han destruido tantos puestos de trabajo, con las que han cerrado los grifos de los bancos, con las que nos han endeudado más, con las que nos han arruinado el bienestar social ganado durante tantos años, y que en un año se lo han cargado. Con las que han arruinado a las familias y a las empresas, y con las que han dejado el consumo y las expectativas de los estudiantes, jóvenes, mayores, etc., por los suelos.

Espero que se den cuenta de lo que están haciendo con nosotros las ordenes o recomendaciones procedentes del exterior de nuestro país, y que reaccionen si hay lugar todavía para rehacerse, que no se si hay tiempo para maniobrar.

Ya está bien de tanto "listo" con sueldo millonario deseoso de raspar unos euros a los maltrechos y endémicos salarios de España. Ya está bien de poner espacio de por medio entre los más ricos y los más pobres, que cada día somos más los que tenemos menor poder adquisitivo. En estas condiciones no hay quien levante cabeza, ¿no lo entienden?, ¿en qué están pensando los economistas que nos gobiernan y asesoran al Presidente?, ¿acaso el Presidente se ha caído de un guindo?, porque da toda la sensación de que así ha sido.

A PUNTO DE EXPLOTAR - 25/06/2013

Empecemos a caminar, andemos y comentemos la vergüenza del panorama nacional. ¿Qué está sucediendo?, la clase política engaña, los banqueros roban, los empresarios de grandes grupos dedicados en los últimos tiempos a la construcción beneficiándose del amiguismo. Regalos y donaciones con muchas intenciones, adjudicaciones de obras eludiendo los concursos públicos, multitud de cargos dados a dedo, dineros en Suiza que no contribuyen en Hacienda, abucheos a las personalidades, manifestaciones contra todo tipo de actos degenerados y descerebrados, scraches contra los malos políticos (un club cerrado de manipuladores adinerados que tienen al guiñol gubernamental cogido por los huevos). Corrupción por las esquinas, empresas arruinadas, dinero público que se les da a las empresas privadas porque trabajan familiares de los políticos, políticos que se colocan en empresas del sector energético, en aparentes grandes puestos que no sirven para nada y que se llevan unos sueldazos. Empresas que fueron vendidas, privatizadas, siendo sectores claves del tejido productivo del país, que se han puesto en manos de amigos de los gobernantes que ha habido. Esto ha asegurado la acogida de los que van dejando la política activa, constituyendo una trama selecta y con un propósito bien definido.

Estamos en manos de gente peligrosa porque son tapaderas de negocios y privatizaciones, que privan a los ciudadanos de una calidad de servicio, y representa una merma en el bienestar general, a favor de unos pocos. Es un engaño y un caciquismo bestial realizado por toda la cara, sin contemplaciones de ningún tipo, que reduce la calidad de los servicios públicos, saqueando las arcas del Estado, aquello que es nuestro, que hemos construido entre todos con nuestro trabajo e impuestos.

Hemos sufrido un expolio permitido por la policía y demás fuerzas del orden público, así como por los jueces, fiscales, magistrados de todo rango, porque no han tenido independencia desde la transición. Han sido piezas del tablero de juego, de un juego en el que se han repartido los puestos de poder para imponer a los ciudadanos aquello que han convenido, y se han servido de esta situación de privilegio para proteger lo suyo, su trozo de tarta sustraída y engordada por intereses privados o de partido. De esta forma se ha tirado o saqueado el país, se ha gastado sin pudor alguno, se lo han llevado crudo, los sobres con dinero negro y sobresueldos han circulado sin que nadie controlara nada, sin que nadie denunciara nada hasta los últimos tiempos. Muchos han incumplido con sus obligaciones más primordiales sin que haya existido castigo de ninguna clase.

Recientemente, se han pretendido dar algunos castigos ejemplares, pero se han contrarrestado descalificando a los jueces, o presionando para condicionar las condenas, para obtener la no imputación de ciertas personas que por su condición social no pueden ser delincuentes, aunque incurran en acciones delictivas. Así, se sabe de presiones ejercidas por la Casa Real, por el Consejo General del Poder Judicial, que como sabemos está constituido por personas nombradas por los partidos políticos mayoritarios. Por tanto, no dejan trabajar a los jueces, no dejan que se aplique justicia, no dejan que se castigue según a qué personas, y si no se llegó a tiempo se aplica un indulto sacado de la manga, y exclusivo para destacados mangantes de clase alta, amiguetes, familiares, etc.

No exagero, esto lo saben todos aquellos que siguen las noticias, tertulias, etc., es un escándalo, es una perversión en la gestión de lo que deberían ser derechos y bienestar de los ciudadanos. Les da igual el número de parados, que nos quiten las pagas, los sueldos, que recorten en sanidad y educación. Ellos siguen presionando, exprimiendo, mientras se suben los sueldos los políticos, les dan dinero a los bancos, cobran tres o cuatro sueldos muchos de los cargos políticos. Indudablemente, esto es el sumo de la indignación y se merecen una lucha en firme con todas las consecuencias, adecuada a sus conductas de gente choriza prepotente.

IMPUESTOS, LIBERTINAJE Y PRIVILEGIOS - 27/06/2013

Suben los impuestos del alcohol y el tabaco, por lo que entiendo que el Gobierno tiene que recaudar, y claro como los impuestos sobre estos artículos, los llamados indirectos, los pagamos todos en el mismo porcentaje cuando adquirimos estos productos, vuelve a gravar a las clases menos pudientes.

Necesitan dinero, tienen que recaudar y disparan, lo que no cuela es la milonga de que se hace para reducir el consumo de alcohol y tabaco. Si quisieran hacerlo, sencillamente, se pondrían precios prohibitivos o se prohibiría su consumo. Mal lo uno, porque de nuevo serían productos exclusivos para ricos, y malo lo otro porque los ciudadanos no tendríamos que estar maniatados por los caprichos o decisiones de los dirigentes.

Se deberían de recomendar las cosas, y educar para alcanzar los niveles adecuados que posibiliten una decisión libre y responsable. Pero no ha de ser tarea, ni obligación, y mucho menos un derecho que se tomen libremente y unilateralmente, los Gobiernos.

A la población se le permite disfrutar de las drogas que los Gobiernos consienten, aunque provoquen muchas enfermedades, adicciones y muertes; como sucede en el caso del tabaco y el alcohol. Su consumo está muy extendido, han permitido que así sea, recaudan mucho dinero con este comercio, y sin embargo, hay drogas de uso bastante amplio como el cannabis, que los ciudadanos usuarios han decidido ingerirla, y habría que preguntarse: ¿qué potestad debe tener un Gobierno para prohibir aquello que una parte de la población acepta de forma responsable?

Del mismo modo nos obligan al uso del cinturón de seguridad al conducir, llevar el casco cuando conducimos moto, tener que pasar una ITV pagada por nosotros, inspecciones técnicas de viviendas, presentar la declaración de la renta en una fecha cuando ellos tienen todos los datos, etc. NO quiero decir con todo esto que yo sea un insumiso de lo que voy citando, cumplo las normas, unas con mayor agrado que otras, como nos pasa a todos, pero voy al fondo de la cuestión, a la consideración del derecho que se toma el Gobierno para imponer, obligar y multar, en su afán recaudatorio.

Si buscan la seguridad de los ciudadanos por qué tenemos que pagar por ello, por qué no nos consideran lo bastante maduros como para que elijamos por nosotros mismos, por supuesto desde el respeto al orden público. De lo contrario, que se legislen las medidas judiciales para castigar a los incivilizados.

El problema de los Gobernantes es que no escuchan a los ciudadanos, no nos respetan, nos oprimen con sus leyes hechas a medida de sus intereses. Y el bunker que tienen construido alrededor del Gobierno, no permite la permeabilidad de la opinión pública, al mismo tiempo que les sirve para proteger el blindaje de los privilegios de los dirigentes. Estamos engañados, este sistema no merece la pena mantenerlo, está agotado como dicen algunos, ha petado por la codicia de ciertos sectores de poder.

La regeneración es necesaria, el sentido común, y el reparto de funciones, porque los políticos con el tinglado que han montado se sienten invulnerables. Todo ello ayuda a la inestable y acojonante situación económica-social que han creado con su pasividad, colaboración y connivencia con la clase banquera. Este flirteo es peligroso como estamos viviendo y los políticos no reaccionan por conveniencia.

No se lo que está pasando en España, han venido a por nosotros, a por nuestros derechos adquiridos, y en lugar de salir el Gobierno al paso en favor de los ciudadanos, nos está poniendo el pie en el cuello.

¿Alguien quería los recortes, las bajadas de sueldos, las pérdidas de las pagas extraordinarias, que dejen a nuestros hijos sin estudiar porque no podemos pagar sus estudios, que le dieran nuestro dinero a los bancos, y que el nivel de corrupción tan bárbaro se llevara el dinero de todos? De nuevo, vemos que de escuchar nada de nada. Hacen lo que les conviene a ellos, a sus amigos y amos. Esto es lo que tiene cuando se vive en un nivel prestado que no te corresponde. Son ellos los que han vivido y viven por encima de sus posibilidades; las consecuencias de su ineptitud las pagamos todos.

MEJOR SIN GOBIERNO - 30/06/2013

Ya que los señores del Gobierno son los que fijan el Salario Mínimo Interprofesional (S.M.I.) como cuantía de la retribución mínima que percibirá un trabajador por la jornada legal de trabajo; que se la apliquen a sí mismos. Y puesto que si el Gobierno fija este salario, dando la posibilidad que pueda haber empresarios que acuerden abonar esta miserable cantidad a uno de sus empleados, reitero que se la apliquen a sí mismos. Por otro lado, con ese salario no se puede vivir, es ridícula la cantidad de dinero que representa. Me pregunto, ya que estamos en momentos difíciles, por qué los miembros del Gobierno no prueban su propia medicina, y se aplican en lugar de sus millonarios sueldos, su burlesco S.M.I.

¡Señores políticos traten de vivir con 645,30 que ustedes consideran oportuno y justo salario mínimo interprofesional! Como ustedes saben, el resto de la zona euro tiene un S.M.I., que sobrepasa los 1.200 . Us tedes han decidido que seamos los pobres de Europa, no pudiendo compararnos con países como: Luxemburgo, Bélgica, Irlanda, Holanda, Francia o Gran Bretaña. Ustedes hacen constantes comparaciones con Europa para hacernos aceptar las obligaciones, pero jamás nos comparan con sus salarios.

Ustedes, nuestros empleados y gestores de nuestras decisiones, no solo no cumplen con las que deberían ser sus obligaciones, sino que no dan ejemplo. Debieron ser los primeros en aplicarse el S.M.I., ¿acaso no son trabajadores?, e incluso como se presupone su trabajo es vocacional, y no están en política por el dinero como dijo nuestro presidente, y puesto que son tan buenos profesionales, en momentos críticos sería razonable hasta que dejaran de cobrar del erario público, y alternaran sus actividades políticas con las profesionales privadas.

Otra vergüenza en nuestros días son las prestaciones por desempleo, las ayudas que han fijado cuando estas se agotan, son sencillamente un insulto. Cómo es posible que se pretenda que una familia viva con 426 , que no puedan hacer ningún trabajo ocasi onal mientras se cobra esta limosna. En su lugar, por qué no se propician las condiciones adecuadas para que se fomente el trabajo, en vez de oír a la C.E.O.E. (Confederación española de organizaciones empresariales), cuyos presidentes, en los últimos años, no dejan de arrimar ascuas a su sardina, piden más reformas laborales, y todas ellas van en el mismo sentido: menos salario, menor coste de los despidos, trabajar más horas, retraso de la edad de jubilación y dejar sin efecto los convenios. Resumiendo, mayor poder para el empresario y menores derechos de los trabajadores frente a aquellos.

Esto lo vienen haciendo nuestros gobernantes, nuestros empleados, las personas que una parte de la población eligieron en las urnas para que nos siguieran conduciendo por la senda del bienestar social, que es lo que todos esperábamos. Sencillamente hemos sido engañados por un partido político que presentó un programa electoral lleno de esperanza, pero que ha incumplido del principio al final. Aún peor, no nos han dejado como estábamos, sino que la situación económica ha empeorado mucho, tenemos más corrupción política, más dinero en paraísos fiscales, más paro, peores recursos para sanidad y educación, menor consumo, mayor número de empresas que cierran sus puertas porque no venden lo suficiente como para hacer frente a sus obligaciones. Los impuestos suben, aumentan los impagos, los desahucios, las manifestaciones de todo tipo, solo falta que le crezcan los enanos a este Gobierno.

Hoy es el segundo día que no termino de ver una de mis tertulias favoritas, bueno, ha sido una de las que más veces he visto en televisión, pero estoy llegando a la saturación de tantas discusiones políticas y sociales.

Como al ciudadano lo único que no nos han recortado es el derecho a debatir, por el momento, la gente habla y habla, discute entre ellas, alcanzan tonos dramáticos, se insultan, y esto es indigerible, infumable y, aunque, en muchas ocasiones aportan datos esclarecedores, la mayoría de las veces son acusadores. Con esto no solucionamos ninguno de los problemas que padecemos socialmente. Nos han dejado el derecho al pataleo, y está bien hacer el uso de ello, pero lo lamentable es que en lugar de buscar soluciones se da pábulo a lo que hacen o dicen los otros; propiciando la discusión entre los tertulianos, y no estoy dispuesto a tragarme los tonos despectivos de algunos, porque pierdo el tiempo.

Todos tenemos cosas mejores que hacer y que nos gusten más, estoy seguro de ello, se que podemos emplear nuestro tiempo de una forma más provechosa. La fuerza se nos va por la boca, y los que crearon este sistema cerrado y blindado, se ríen de nosotros, nos ignoran, nos consideran solo contribuyentes de las arcas públicas, y votantes cuando a ellos les interesa. Por eso, solo nos valen las movilizaciones, las acciones, las proposiciones y las medidas de presión sin violencia. Gándhi hizo lo que hizo, expulsar a un país más poderoso que el suyo, con la insistencia de su lucha pacifica, dejando de consumir los productos ingleses, y con la desobediencia civil pacifica. Gandhi nos dio todo un ejemplo a seguir, si queremos realmente expulsar a los usurpadores de nuestro bienestar.

Lo demás, como los programas televisivos, donde la gente grita por creer que así tienen más razón o convencen más, son solo rellenos de entretenimiento que no nos llevan a ningún lado importante para nosotros, y por tanto para toda la humanidad. En primera instancia despierta la indignación, como motor para salir andando y actuar, pero nos quedamos cómodamente en casa, sentados o echados en nuestros sofás, dejando que pasen las horas escuchando lo que quieren decirnos, interrumpiendo los momentos más álgidos con la puñetera publicidad, llenando las cabezas de los consejos consumistas, y de vuelta a la discusión. De verdad que así no vamos a arreglar nada.

No podemos consentir que nuestras vidas se repartan entre obligaciones de trabajo, y bla, bla, bla. Hay buenos libros, libros importantes, libros que le hablan a nuestro corazón, libros que incitan a la reflexión. Podemos sentarnos en silencio, contemplar, pensar, proyectar, dialogar, aprender, amar, y todo ello nos revitalizará, atraerá positividad a nuestras vidas. Hay otras muchas cosas que podemos hacer, como las que he mencionado, cambiamos de hábitos y ya está resuelto. No es tan complicado ser tú, en lugar de convertirte en lo que el complot mundial ha decidido que seas. El complot mundial usa los medios de comunicaciones masivos para invadirnos, pero ahí estamos nosotros para decidir qué queremos ser. La decisión ha de ser solo nuestra, porque es nuestro derecho, nadie lo tiene sobre nosotros, o al menos no debemos permitir que lo tenga.

Somos adultos y personas, no somos sus mercancías, por mucho que algunos hayan planificado un mundo a su medida y según sus criterios e intereses. Lamentablemente, el mundo se está moviendo así, y es necesario que te des cuenta, que despiertes y escribas, como quieras, las páginas del libro de tu vida.

TERRORISMO CIVIL - 08/07/2013

En la tertulia televisiva "Queremos Opinar", que solía ver, en muchas ocasiones invitaban a un economista joven, Simón Pérez, que como el decía procedía de familia humilde. Parece que ha debido de ser un estudiante bastante brillante, actualmente profesor de universidad, doctor en economía, etc., pero a veces decía cosas como bastante irrealizables. Era un constante en su argumentario, que cada familia debería ahorrar un 30% de sus ingresos, para tener un remanente del que tirar en caso de emergencia familiar. Suena bien esto, claro que él además de ser profesor de universidad, tiene alguna empresa dedicada a las inversiones, y es socio de otras empresas. Pero cómo podía decirle esto a una gran mayoría de familias españolas, que además de soportar la que está cayendo con la crisis financiera dichosa, aprovechada para hundir los derechos sociales y laborales, dicho de paso, tienen sueldos, o tenemos sueldos de juguete, como yo digo.

Los sueldos se han reducido en los últimos años, hasta tal punto, que las personas están ganando menos, mucho menos, que hace 10 años. No solo no ha repercutido en el bienestar de las personas y en un mayor poder adquisitivo de estas, sino todo lo contrario, han disminuido. En los hogares entra menos dinero que hace unos años, se está más apretado, se puede consumir menos, y se consume lo más imprescindible, básico y necesario; ¿cómo quiere el señor economista que ahorremos el 30% de nuestros ingresos?, ¿qué crisis está viviendo él para aconsejarlo?

A los políticos, a muchos, trataré de no meterlos a todos en el mismo saco, no les ha llegado la crisis, en un símil con las mareas o las olas de la playa, ni a los tobillos, mientras que los ciudadanos estamos con el agua al cuello y subiendo. España cada día más endeudada, los consumos por los suelos, el número de parados elevadísimo, y la única luz al final del túnel son las de los faros de los coches que vienen en dirección contraria.

Han desestabilizado toda la estructura de la sociedad española, han aplicado terrorismo laboral, empresarial, bancario y político. Nos han culpado de vivir por encima de nuestras posibilidades, cuando ellos son los únicos que han vivido y siguen viviendo por encima de las posibilidades de todos los ciudadanos de a pie. Nos han insultado, mancillado, humillado y vejado, han atentado contra la población, han abusado de su sistema blindado, se han aprovechado de nosotros y de sus cargos. Lo peor de todo es que continúan.

Ya han hablado de las pensiones en varias ocasiones, y aunque lo niegan, las tocarán porque el sistema no se mantiene en pie, porque lo que han propiciado con sus reformas de locura, es una España arruinada. Han concentrado más las riquezas, e igualmente han arrinconado más a los pobres. Han procurado que la diferencia entre ambos sea mayor, y por tanto el rico lo es más, mientras que el pobre, ya no sabe cómo va a comer, qué hacer para trabajar, y desgraciadamente tiene que arrimarse a algún familiar con una pequeña pensión.

Ellos, que siempre hablan de reglas del juego, se las han pasado por el arco del triunfo, se hacen sus necesidades en el sistema, se han cargado el sistema, no se bajan sus ingresos ni aunque les amenacen con una pistola. No dimiten aunque se les sorprendan con el Peñón de Gibraltar en el patio de sus casas; eso no está hecho para ellos, su religión se lo prohíbe.

Yo creo que hacerlo peor es imposible, pero sin atender a signo de ningún tipo, ni colores. No hago una lucha partidista, me importa un bledo, he perdido la fe en la clase, en la casta política, no me demuestra nada, están envueltos muchos personajes de estos en tramas de las más variopintas. Como dicen por ahí: a mi no me representan, no me siento representado por personas tan pobres, a mi no me interesa el destino marcado por ellos. El dinero no lo es todo aunque el consorcio político, banquero y empresario hagan un esfuerzo atroz por contaminarnos de su enfermedad. Lo de esta gente es una pandemia sin cura, no tiene marcha atrás en sus cabezas, y tratan de pasar por encima de nuestros cadáveres, pero no van a escapar del mal que están implantando, porque el que siembra vientos, recoge tempestades.

Tenemos los salarios y pensiones más bajos de Europa, son ridículos e irrisorios, y nos lanzan cada semana ataques a pleno día, mientras ellos desde la trinchera nos mandan a morir de hambre, a ser desahuciados, a ser despedidos, a tener que trabajar más horas por menores sueldos, y a jubilarnos más tarde.

Ustedes no se pongan un sueldo de trabajador, no, no lo hagan ni den ejemplo, ¿cómo van ustedes a equipararse con los plebeyos?, eso no sería bien visto por los machacadores de su clase. Guárdense de dar un respiro a la gente y seguid arruinándoles las vidas a las personas, que eso si que da prestigio, y dice mucho de la calidad de persona, de vuestra moralidad, etc. Vais por el camino acertado, ¿sabéis para qué?, para salir huyendo.

Ustedes son personas como los demás, ¿aún no se dieron cuenta de ello?, y ese no es el camino ni la dirección, aflojen el paso porque la gente va llegando a situaciones imposibles, echados de sus casas, sin trabajo, pasando necesidades, soportando la impotencia de ver como se llevan el dinero a espuertas a suiza, y a paraísos fiscales. Vemos como la justicia o el gobierno ceden a las presiones, e indultan a los delincuentes de clase "alta", etc., y España se va a quedar pequeña cuando haya que salir corriendo. Por favor, tomen conciencia y rectifiquen, porque la desesperación es muy mala.

LA POLÍTICA ESPAÑOLA, PEOR IMPOSIBLE - 04/08/2013

La política española nunca ha sido clara, sino todo lo contrario, diremos que ha sido convulsa por causas diversas, pero lo que tenemos últimamente podríamos titularle el record guinnes de la chapuza de la gestión pública. Insisto en que siempre ha sido parecida, o sea plagada de irregularidades administrativas: dineros que se esfuman, colocaciones a dedo, despachos cedidos para hacer negocios privados, y un sin fin de privilegios más. No obstante, y tal vez por la agilidad informativa actual, la política se ha convertido en un macro escándalo.

Cuando llegan noticias de los países vecinos, por la mitad de la mitad, el político avergonzado dimite, se va, deja la política activa, se humilla delante de su pueblo. En España, y como se dice vulgarmente: "no se van ni con agua caliente". Es rara la semana donde no vea la luz algún episodio, claro exponente de la desfachatez, la arrogancia y la prepotencia de muchos de los políticos dirigentes de unos y otros partidos. En particular, el año y medio de gobierno del PP, no tiene nombre, tanto despropósito junto es innombrable, tanta mentira en tan poco tiempo sienta como un cólico, es indigerible, y a pesar de todo, nadie dimite.

Me da igual la izquierda, me da otro tanto de la derecha, en el plan actual no me sirven ninguno de ellos. Con un cambio de actitud podría valerme cualquiera de ellos. No obstante, estos han sabido rebosar el vaso, que en los cuarenta años anteriores ya se habían encargado de ir llenando todos los que han participado en los gobiernos de la nación.

Se han jactado de hablar de las reglas del juego, esas que ellos han sabido establecer para blindar sus privilegios frente a las condiciones del resto de los ciudadanos. No les han importado llamarle juego, porque más bien parece que estén jugando. Hincharon una burbuja inmobiliaria que aportó un falso estado de bienestar, del que unos pocos sacaron un gran partido como reflejan sus cuentas en Suiza. Al mismo tiempo que han provocado una recesión sin parangón en nuestro país, a no ser que nos remontáramos a los tiempos casi de la postguerra.

Todos conocemos el número de desempleados, el más alto de la historia de la democracia en nuestro país. Los trabajadores tenemos las peores condiciones laborales de los últimos tiempos, los salarios son los más bajos, los despidos los más baratos, las prestaciones se han reducido o quitado. No se atienden los pagos a los proveedores, desaparece en Andalucía el dinero para paliar el paro y dar formación a los desempleados, así como para promover planes de emprendimiento. Se hacen ERES falsos donde se meten en ellos a familiares y conocidos de los altos cargos de la política, que nunca trabajaron en las empresas a las que se les autorizaban hacer los ERES.

Además de todo lo esbozado, han ido privatizando ciertas empresas del mundo de la energía y las telecomunicaciones, poniéndolas en manos de amiguetes por cantidades irrisorias; pactando sus puestos de trabajo para cuando van dejando sus cargos políticos. Pasando a ser nombrados consejeros, sin estudios específicos del tema, nada de gente brillante, pero acceden de forma digital, por la gracia del dedo. Son puestos de esos que basta con tener una chaqueta colgada en el despacho, y por donde nunca o casi nunca se aparece, pero que te reporta una suculenta cantidad de dinero mensualmente. De esas que usted o yo no la vamos a cobrar en toda nuestra vida laboral. Ellos si pueden, Obama lo dice: "We can", lo que traducido es: "Nosotros podemos", y efectivamente ellos pueden porque legislan a medida para ellos. Porque gobiernan para tener la manga ancha para sí, sus allegados y sus amigos.

LA GUERRA - 10/08/2013

Una vez más, voy a pedir desde esta tribuna virtual, la paz para el mundo, y cuando digo el mundo es fácil deducir que me estoy refiriendo a la humanidad. Ningún ser que viva sobre la faz de la Tierra, debe vivir con el temor de ser tiroteado, ametrallado o que va a perecer bajo las bombas descargadas por aviones, etc. Todo esto ha de desaparecer de la mente de los hombres. Debemos actualizar nuestra inteligencia y comprender que el horror de quitar vidas, es una salvajada que debiera de no tener cabida en el pensamiento humano.

Un día tras otro no se puede ni se debe dedicar a luchar contra otras personas. No hay nada, ningún ideal que defender hasta el punto de morir por ello. Siempre se podrán encontrar puntos intermedios, que satisfagan a ambas partes, sin llegar a la horrible experiencia de vivir a la sombra del terror y la muerte. En esto, tenemos la oportunidad de manifestar nuestra inteligencia, y tratar de conseguir ese punto de acuerdo, pues lo contrario siempre será la expresión del fracaso y, consecuentemente, será un acto de error y horror.

Una bala quita la esperanza de un futuro, trunca la vida y con ello la realización de posibles proyectos. Se arranca a la fuerza, violentamente y, al instante, un trozo de esa energía de vida que somos todos. Se hacen aberturas en el conjunto de la energía que somos, debilitamos el conjunto inútilmente, y de alguna forma esto nos afecta a todos. Aumenta el dolor, la insatisfacción y la pobreza, entre la gente del pueblo porque otros están haciendo su Agosto con la venta de armamento y, otros con sus comisiones.

Los pueblos deben darse cuenta que siempre existirán agitadores de la guerra, aquellos que no van a ir a ella, pero que sacarán beneficios a costa de miles de muertos, de grandes perdidas materiales y de la ruina de muchas familias. ¿Cómo seguir apoyando la guerra, tenga el sentido que quieran algunos que tenga? No dejaros engañar, no coger las armas, que lo hagan los agitadores; veréis como ellos si que temen por sus vidas y no luchan. Ellos sirven para agitar al pueblo y, que enfurecido se dirija a morir o a matar. El pueblo hace el trabajo sucio por ellos, mientras ellos bien escondidos sacando partido de sus intereses particulares: ganancias relacionadas con las armas o quedándose con recursos de los territorios conquistados.

De cualquier forma, todo esto no justifica ninguna acción criminal, el hombre ha de distinguirse por su inteligencia y capacidades en pro de una vida mejor para todos, incluido nuestro planeta. Sin ello, solo tendremos destrucción más temprano que tarde. Cuando no se cuida lo que tenemos sino que se juega a destruir, al final solo nos queda esperar la desaparición. Parece que hay demasiada gente "ciega", "sorda" y por supuesto sinvergüenza, incivilizada y sin conciencia alguna del prójimo. Esto es lo que da lugar a que tantos pueblos en el mundo estén envueltos en conflictos bélicos.

Hay que poner fin a esto, ¿dónde están los organismos que debieran de velar por la estabilidad y la paz mundial? El problema no se arregla con dar un premio anual a alguien o, con tener asegurado el trabajo manteniendo una mentira y un incumplimiento de sus funciones y deberes. Hay que ser más íntegros, hay que ser más hombres, más humanos, y parar el horror de las guerras. Hay que dejar de provocar conflictos para vender armamento, que la guerra no es un juego virtual donde las muertes son falsas, aquí son reales, ¿Se imaginan sus cuerpos atravesados por proyectiles, qué se debe sentir?, ¡ya está bien!, hay que poner fin a toda la turbidez que rodea los intereses de las guerras.

DE VERGÜENZA - 17/08/2013

Vivir hasta el final es lo que nos queda, y podemos hacerlo bien o mal, cada uno elegimos a cada paso. La situación actual viene a indicar que en el futuro es muy probable que no estén aseguradas las pensiones, el sistema va derivando hacia la venta de los planes de pensiones, o lo que es lo mismo: los bancos y las aseguradoras, que en muchos casos son los mismos grupos de empresa, quieren hacer suyo el negocio de la vejez.

Por eso decía al comienzo que no nos queda más remedio que vivir hasta el final de nuestros días, y como para ello hay que sufragar gastos diversos: comida, ropa, calzado, energía, etc., no nos va a quedar más remedio que seguir trabajando hasta morir con las manos en la masa, o dicho con un término de los westerns: "con las botas puestas". Por todo ello, se hace necesario descubrir esa actividad que nos satisfaga tanto como para comprometernos con ella hasta el final de nuestros días.

La población actual de jóvenes de entre 25 y 35 años, que han finalizado sus estudios, en una gran mayoría está desempleada, por lo que se me antojan dos cuestiones: ¿a qué edad van a comenzar a trabajar estas personas con el desastre económico que vive el país?, y ¿quiénes van a sufragar las pensiones de los que vamos acercándonos a la edad de jubilación? Una tercera pregunta que me hago, en este punto, es: ¿a qué edad podrán jubilarse estos jóvenes de treinta años que todavía no han empezado a cotizar?

Lo que es evidente es que la maquinaria social-económica-productiva, está totalmente desajustada por los motivos que fueren. ¿Hay responsables de haber actuado con imprevisión y por tanto de haber ocasionado este despropósito?, habrá que preguntarse por la cantidad de personas que ostentan cargos de responsabilidad, con sueldos astronómicos, que no han cumplido adecuadamente su función, la propia de su cargo, y la razón de que estén en el organigrama público que tiene competencias para dirigir los destinos del país.

Para qué nos sirven tantas personas que han dilapidado el dinero público, sin que paguen por ello y sin que devuelvan ni un euro. Una evidencia de que el sistema está blindado a su imagen y semejanza, es precisamente esta: haber realizado una gestión gubernamental pésima, haber seguido en el poder o en los tentáculos chupópteros del mismo, creados para estos casos y para servir de mamandurria a los que se retiran derrocados por su mala gestión, que son premiados con los retiros millonarios en cualquiera de las empresas, antes públicas, privatizadas en condiciones muy ventajosas, para que sirvan a este fin.

Como ciudadano me siento estafado por un sistema que ayudo a mantener, y del que recibo: engaño, estafa, robo y presiones. El bienestar social y general, se lo han pasado por el forro, así como los derechos que teníamos los ciudadanos, de los que nos han despojados en un abrir y cerrar de ojos, sin que aquí haya culpables. Todos se justifican, todos buscan coartadas para explicar lo inexplicable: la dejadez de funciones, el enriquecimiento brutal de algunos, la fuga de capitales, el blanqueo de dinero de los que han delinquido mediante una amnistía fiscal, las grandes sumas en dinero negro, depósitos en Suiza que no tributan en España, los indultos bochornosos, la no independencia de poderes que mantiene secuestrada a parte de la cúpula judicial del Estado; y aquí no dimite nadie, ni se ponen a salario mínimo interprofesional, sino todo lo contrario, se aferran al cargo como el que se agarra a un clavo ardiendo porque comprenden que es la única salida posible para sus intereses egoístas.

ORIENTE MEDIO - 23/08/2013

Enciendes el televisor y en cuanto comienzan las noticias, asistimos al repertorio de noticias trágicas, sobretodo, las provenientes o referidas al mundo árabe-judío. Se suceden las atrocidades, los cadáveres y la gente ensangrentada en Egipto, Siria, Líbano, Irak, Israel, y Palestina. ¿Cómo es posible que estos países no sean capaces de salir de esa espiral de desolación y crímenes? ¿Qué pasa en el mundo árabe, por qué no pueden respetarse? ¿Por qué medio mundo se pelea con el otro medio?

¿Qué hace falta para que los agitadores de las masas, y las masas mismas, se apacigüen? Tanta atrocidad no hace más que sumir a las poblaciones en la pobreza más absoluta, porque el gasto en armamento se dispara, y la renta por habitante desciende. Hay gente en estos países y en el exterior de ellos, que hacen el agosto con las comisiones de las transacciones de artefactos asesinos. Al mismo tiempo, unos Estados se endeudan y otros se hacen más ricos. Vuelven a coger comisiones con las adjudicaciones de las empresas encargadas de ir reconstruyendo lo que el juego de la guerra va destruyendo, y esto no tiene fin.

En estos países, según nos llega en las noticias, el respeto a la dignidad de las personas está casi perdido, suelen sucederse los golpes de Estado, gobiernan los militares, la democracia no ha venido, se ha ausentado, y la represión de las personas que traten de protestar o manifestarse, puede acarrearles la muerte. Este lado del mundo es salvaje en cuanto al ojo por ojo, así que van a quedar todos ciegos.

¡Señores, que no!, que no se puede ir por la vida, en los tiempos que estamos, con ese odio y desprecio hacia los demás, y sobretodo, contra todos los que piensen diferente. Y lo más lamentable es que otros países externos, interesado en recursos naturales de aquellos países, hagan caja con la venta de armamento, aportando palos a la hoguera. En otras ocasiones, dicen que invaden para restablecer el orden, como sucedió en Irak, pero lo cierto es que se aprovechan de su petróleo, que era el verdadero interés, y se retiran dejando un país en una situación desastrosa y lamentable; de orden nada de nada.

Hay que valorar más la vida, ya sé que el calor trastorna mucho, pero qué clase de personas dirigen países como esos, que llegan a ser tan peligrosos para sus vecinos y sus propios ciudadanos. ¿Aún no se dieron cuenta de que el progreso llega aportando y construyendo, no haciendo todo lo contrario?, y con el bienestar sucede otro tanto. ¡Déjense de pelear y hagan hermosos países!, que podamos estar orgullosos y seguros todos los humanos.

Lo que no puede la humanidad es cargar con todo ese peso, porque lo que sucede allí nos repercute, de alguna forma, a todos. La humanidad es un ente compacto de vida manifestada en una forma concreta, y debemos de caminar juntos, compartiendo los avances, aportando conocimiento, investigación, uniendo fuerzas que hagan posible el progreso como especie. No se puede mantener por más tiempo esta forma retrograda de comportamientos, porque no ayuda en nada ni a nadie, nos remonta a las culturas belicosas de la antigüedad, donde parecen estar enclavados esos países de oriente medio, y de donde parecen no saber, o no querer, salir.

Los abuelos ya vivían de esa manera, los padres la repiten, los hijos siguen en la brecha, los nietos se van preparando, pero bueno, qué pretenden, a dónde quieren llegar, ¿esta es la mejor forma de vivir, o la única que conocen?

DESPROPÓSITO INFORMATIVO - 24/08/2013

Hace unos días hablaban en la radio acerca del recorte de la Administración, que parecía se había comprometido el Gobierno llevar a cabo en 2014; y venían a decir que esto sería contraproducente para la aspiración del Gobierno de ganar las elecciones del 2015.

Escucho esta noticia o comentario, y me pregunto si el Gobierno está en su cargo para gestionar los servicios que procuren el bienestar a los ciudadanos del país, o gobiernan, mejor dicho: no gobiernan, para procurarse, durante el tiempo que dure el mandato, la forma de perpetuarse en el poder, como primer objetivo.

Dos temas llaman mi atención: una, que las intervenciones de los componentes del Gobierno, descalificando a los que le hacen sombra, vienen a manifestar que están en constante campaña electoral con cuanto hacen y dicen, como si ese fuera el principal interés de los gobernantes. Por otra parte, los medios de comunicación nunca se mojan con opiniones propias, pero que en esta ocasión lo han hecho como proponiendo o dando una advertencia para los intereses electorales, en detrimento de los intereses de los ciudadanos. Dando cobertura y eco a los ideales egoístas de las fuerzas políticas, a la carrera alocada de los partidos políticos por el poder.

Los ciudadanos aspiramos a ser gobernados por personas integras, humanas, trabajadoras y honestas, que nos lleven a una situación favorable de desarrollo y progreso, que nos faciliten acceder al trabajo, que nos den tranquilidad futura a cobrar nuestras pensiones, que podamos disfrutar de servicios de calidad en todas la áreas, etc. En esto, creo que coincidimos todos los ciudadanos de bien, que no nos encontramos secuestrado como el actual Gobierno, preso de bancos y dirigentes europeos a los que se ven obligados a satisfacer, anteponiendo esos acuerdos a las necesidades de la población, al mismo tiempo que nos endeudan más.

Ya está bien de tanta manipulación política y de tantas mentiras, para que encima se les arrimen periodistas sensacionalistas, descuidados o interesados, como el que difundía la noticia motivo de este escrito.

Los ciudadanos sensatos estamos al margen de la inutilidad de las direcciones tomadas por los señores, que se metieron en política en busca de los sueldos millonarios y de los privilegios de los que gozan. Igualmente, estamos al margen, no nos interesa el periodismo parcialista, que comulga con los gobernantes, por el mero hecho de que les es provechoso arrimarse a los que dirigen el cotarro.

Hace falta un periodismo de investigación que desenmascare a los delincuentes, sean de la clase social que sean, caigan quienes caigan, porque hay que limpiar de infractores este país. Hay que empezar a construir una sociedad diferente, pues la actual ha petado hace algún tiempo, estuvo enferma y murió, aunque muchos quieran seguir viviendo de las añoranzas de otros tiempos, y hagan un esfuerzo denodado por convertir este país en algo que ya está pasado de moda, que tal vez fue útil, pero que ya no sirve.

Se debe poner fin a la tele basura, no se debe mantener porque haya gente que la vea, es obligación de los organismos de cultura velar por la difusión de contenidos de calidad, que aporte valores, que imparta conocimientos y que ponga fin a la negatividad de las peleas en los realities shows. Debemos hacer algo más para crecer, para evolucionar, no para quedar atontados muchas horas al día frente a la caja tonta.

INVASIÓN O JUSTICIA - 08/09/2013

Cómo castigar a los responsables del uso de armas químicas en Siria sin castigar a la población, esta es la cuestión que me hago. Primero intentaré percibir la sangre que se ha de tener para dar la orden de usarlas, pues ese mandato va a ocasionar la muerte indiscriminada, como ha sido, de mayores y de pequeños. Evidentemente, la persona con poder suficiente para dar la orden es un asesino en potencia, al que le importa más su cargo, la continuidad en el poder, que la vida de sus conciudadanos. Asesino en potencia de un corto periodo de tiempo, tan corto, que se esfuma en el momento en el que comienza a gasearse a la gente, y las personas van enfermando y pereciendo.

Qué gobernante merece seguir en el poder de un pueblo al que destruye, evidentemente, ninguno. Cualquiera que actúe de esta manera tiene que ser juzgado por crímenes de lesa humanidad, por el tribunal de la Haya. Por tanto, obligado a abandonar su gobierno y encarcelado de por vida. Esta supongo debiera de ser, con el derecho internacional en la mano, la correcta forma de proceder, en lugar de la invasión o el bombardeo de los que se erigen en protectores del mundo; porque el daño físico y psicológico sobre la población inocente va a ser inevitable. Ningún país se puede tomar la justicia por su mano, como sucede con los ciudadanos que no podemos, o debemos, solventar los conflictos por nuestra cuenta. Para eso están en un estado de derecho y democrático, las leyes y, los jueces para aplicarlas.

Las personas no somos los juguetes de los Estados, tampoco somos un paraguas antimisiles ni se nos repara como si fuéramos mecanos, no se nos recompone de los daños de la destrucción y de los efectos de las bombas. Las personas se traumatizan para toda su vida, pueden vivir con miedo el resto de sus días; eso los que sobreviven. Y muchos de ellos, tal vez, vivan con lesiones, amputaciones, etc., para siempre. Esto no se piensa cuando se les llama daños colaterales, minimizando los atroces efectos de la desgarradora violencia que genera la guerra.

Nada justifica el ojo por ojo, y diente por diente, pues al final todos tuertos o ciegos, y todos a mal comer o comiendo sopita. A un dictador que dicta una orden de atacar a su población y que haya provocado la muerte de otras personas, hay que juzgarle ante el mundo, como he dicho antes, y hay que obligarle a salir de su agujero, pero solo a él, hay que destituirle, apresarle, condenarle y castigarle con la privación de libertad de por vida.

E.E.U.U., el espía del mundo, el invasor de Irak, que mintió al mundo entero con lo de las inexistentes armas de destrucción masiva de aquel país, cuyo interés fue el petróleo, hizo lo que hizo, destruyó a un país casi entero, mató a todos lo que quiso, y ¿ha pagado su error?, no, le salió barato. Formó la de San Quintín, dejó un país que era rico en la miseria más absoluta, porque su objetivo secreto era otro, y de paso se sacó de encima a los que le estorbaban para sus propios intereses.

Por encima del negocio de las armas, del petróleo, del dinero y del poder, están las personas, y es hora de que E.E.U.U., y cualquier otra potencia mundial comience a tomar conciencia para que en el mundo se viva con menos conflictos de intereses. No hay más que eso, unas luchas de poder por las direcciones de los países, gente que quieren hacer las cosas como a ellos les interesa, y una intolerancia hacia los puntos de vistas u objetivos de los demás. Por otro lado están los que no dejan de hacer negocio de esos conflictos, arrimando material bélico a la contienda, como el que arrima palos a la candela para que no se apague nunca. El resultado es que hay países que no dejan de endeudarse con los poderosos, y poderosos que no dejan de ganar dinero con los que se están matando entre sí. A ver si de una vez por todas se prohíbe la venta de armas a terceros, que es como autorizar a que se sigan matando en las calles, aunque irónicamente todos los gobiernos hayan legislado la prevención de accidentes laborales, los muertos en los trabajos si les importan, pero aquellos no.

Que cada uno se meta en su casita, que somos mayores de edad, y para eso hay unos sistemas de justicias mundiales, y unas medidas a aplicar, para castigar las atrocidades cometidas por los crueles dictadores; pero dejemos que sea la justicia y no la invasión la que devuelva la normalidad a las zonas en conflicto.

FIN MADRID 2020 - 09/09/2013

Llegó a su fin la adjudicación de los juegos olímpicos para el año 2020, representando el tercer fracaso consecutivo para Madrid como candidata a la celebración de los mismos. Se pone fin, con ello, a la cabezonería de una ciudad con una deuda superior a los siete mil millones de euros, que lleva siendo finalista de las tres últimas convocatorias, pero que solo sabe relamerse la miel de los labios, ¿por qué?

España en la actualidad no goza de una buena prensa internacional, ha tenido que ser rescatada "en diferido", por lo que está endeudada hasta las cejas. El Gobierno de España, la cabeza más visible junto con la Casa Real, se ha visto envuelto en varios asuntos turbios, que han deslucido su crédito político y moral. No digamos de la Casa Real, que del mismo modo no ha sido nada ejemplar en los últimos años, así que entre ambas instituciones, la imagen de España está hecha girones.

A todo ello, le añadimos el ridículo nivel de inglés que muestran nuestros dirigentes en los actos oficiales y ruedas de prensas celebradas por el mundo. Además, como se han presentado a tres convocatorias, y tienen terminadas casi el noventa por ciento de las construcciones, estas estarían un poco pasadas de moda para el momento de su celebración, tendríamos que haber sabido que estábamos en una posición bastante desfavorable frente a la candidatura ganadora, Japón.

Japón es la cuna de la técnica y cómo no, de las nuevas tecnologías informáticas, y se presentan con una exposición virtual, que según han comentado los medios de comunicación, se puede calificar de genial, impresionante y moderna. Madrid ha debido de parecer anticuada, en cuanto a sus soluciones y construcciones, frente al gigante tecnológico nipón.

España tiene tanto ruido dentro de casa: el elevado número de parados, más de seis millones de personas en el desempleo; demasiados casos de corrupción extendidos por todo el territorio nacional, una justicia muy lenta, una deuda pública muy elevada, un sistema financiero que hace agua, un tejido empresarial agonizando, un sistema educativo y sanitario tocado, un poder adquisitivo de sus ciudadanos por los suelos, y en general una cantidad de golfos y sinvergüenzas desperdigados por todo el territorio nacional, que lo único que nos aportan es una muy mala y merecida imagen.

Ya me dirán ustedes la marca España como se ve fuera de nuestras fronteras, por mucho que algunas comisiones se hayan dedicado a promocionarla, ¿qué podíamos esperar?, si siembras vientos recoges tempestades. Las cosas hay que cuidarlas más, las personas han de estar más preparadas para sus relaciones internacionales, se ha de ser más honestos, mucho más de lo que han sido los políticos con España y con sus ciudadanos. Si el tiempo y los esfuerzos de algunos para trampear, engañar, etc., se hubieran realizado para conseguir progreso y bienestar, estaríamos hablando de otras cosas, y si hubiera llegado este revés, estaríamos realmente apenados por los resultados de nuestros esfuerzos.

La realidad nos ha situado donde estamos y donde teníamos que estar, en el bando de los perdedores, porque nunca hemos trabajado para estar en el bando contrario.

Esto se ha de entender, España ha sido constantemente saqueada por la falta de honestidad de los diferentes Gobiernos. Los dineros se han esfumado por los agujeros del gran colador en el que han convertido a España. No ha importado el color de los gobernantes, sus leyes parcialistas han propiciado un blindaje de un sistema injusto, desequilibrado, de acciones a corto plazo, que ha carecido de una visión de progreso y de futuro. Ha sido la España, de tengo que saquearte, llevarme todo lo que pueda, en los cuatro años que tengo por delante. Me voy a comprar todas las propiedades que pueda, y voy a acumular todo el dinero que pueda en los cuatro años de mi mandato, ¡por si acaso!

Esta es la España en la que se han vendido a bajo precio empresas públicas, estratégicas, como las de comunicaciones o energía, sin mirar por el progreso y el futuro de España, para poder asegurar la incorporación, en dichas empresas, de los políticos que fracasan en las urnas.

Como la historia sería interminable, la dejamos aquí convencidos de que ante tales desmanes la vida solo te puede responder de una forma, y Madrid 2020 se la llevó el viento como premio a la pésima gestión de los responsables que han tenido y tienen este país, pero que no supieron y no saben llevarle más allá. Evidentemente España ha crecido con respecto a las décadas anteriores, no faltaría más, con la de dineros que se han gastado y perdido, pero que de haber gestionado con seriedad y honestidad, por y para el pueblo, España sería diferente.

Ayer vi una película americana, Asalto a la Casa Blanca, donde, una vez más, se pone de manifiesto el temor a ser invadidos, como se desprende de la repetición del tema en infinidad de films. En esta ocasión son invadidos por un grupo de terroristas, que como siempre es derrotado por un solo agente de seguridad, un exguardaespalda de la familia del Presidente, en su papel de héroe, que además logra salvar al Presidente, rehén de los terroristas coreanos.

La película no deja de ser una borrachera de disparos y explosiones, resuelta toda ella en un recinto que simula ser el interior de la Casa Blanca. Me parece un autentico rollazo de acción con un guión clásico y previsible, pero lo que me llama la atención, y quiero destacar es el miedo que debe sufrir la sociedad americana a ser destruida o controlada por fuerzas externas o ajenas, pues es motivo o contenido de un gran número de films.

¿Cuántas películas habrán visto ustedes, que contienen esos miedos, o bien, corrupción de senadores, policías, personal del FBI, etc.?, creo que son demasiados frecuentes estos argumentos, y deben de corresponderse con aspectos reales de la sociedad americana. Lo que me hace entender que han de haberse fabricado muchos enemigos a lo largo de la historia, tal vez, como vemos, por meter las narices en casa de los demás, quizás no hayan actuado adecuadamente o sencillamente hay un gran número de ciudadanos americanos que sufren algún tipo de neurosis, porque de otro modo no se explica tal insistencia temática.

Empiezo a estar harto de la injerencia de los E.E.U.U. en todos los saraos, incluso donde no les invitan, y cuando no hay ningún acontecimiento, parece que se los inventan como las famosas armas de destrucción masiva de Irak. Creo que rivalizan en las zonas donde hay grandes cantidades de recursos energéticos, o allá donde pudieran tener algún tipo de interés, y si no hay conflicto se lo inventan provocando la desestabilización de la zona, vendiendo armas y erigiéndose en pacificador y protector de los menos poderosos; lo que resulta muy cuestionable y poco creíble.

Cada día creo menos en los países capitalistas que operan en el mundo sin corazón, aquellos que salvajemente imponen su ley, la del dinero, por encima de la misma vida de las personas. Cada día creo menos en las sociedades que se llaman a si mismas potencias del mundo, pero que no se dignan a erradicar los verdaderos problemas que sufre la humanidad: hambre, guerras, dolor, destrucción, falta de trabajo, falta de honestidad, discriminación, etc. El vil capitalismo se sirve de esta descompensación, de esta desgracia que sufre parte de la población del mundo mientras otra parte de ella derrocha por el aburrimiento. Otros se dedican a "hipnotizar" a este sector de población consumista, para que sigan consumiendo vertiginosamente y sin sentido, mientras sus beneficios se disparan, crecen sin parar, y les proporcionan más y más poder.

Las películas son ficciones pero el guión sale de la mente de los hombres, y son demasiados americanos que difunden la idea de que van a ser invadidos, y esto pone de manifiesto la intranquilidad interior con la que viven, y cuando a alguien le pasa esto en su vida es porque quizás ha cometido tanta maldad, que teme la represalia. Hay organismos como la O.N.U., que debe hacer bien su trabajo, sin presiones y sin corrupción ni favoritismos, lo que debe ser suficiente como para que se ponga fin al protagonismo de los E.E.U.U., que siempre está preparado para entrar en guerra. Los tiempos del western ha pasado, se supone que estamos en el mundo civilizado con países con Estados de derecho y organizaciones como la nombrada anteriormente, para que velen por la seguridad y la paz en el mundo haciendo uso de la ley. No hace falta que nadie venga a imponer la ley de las armas, ni hace falta que los ciudadanos tengamos que llevar armas para defendernos, somos personas preparadas, educadas, civilizadas, en definitiva es hora de arreglar los asuntos hablando, es hora de fomentar la educación, los principios y los valores humanos.

Hasta que los políticos no se den cuenta de que el camino es ese y no la vía del arrodillamiento ante los deshumanizados capitalistas, solo existirá pobreza porque a ellos les interesa, y por tanto miseria, dolor, descontento e infelicidad. Lo que es lo mismo, habrá un amplio camino hacia la destrucción.

EUROVEGAS, EL CUENTO DE LA LECHERA - 20/09/2013

Eurovegas o el cuento de la lechera, ¿a qué precio?, porque hasta el momento no hay más que exigencias ante lo que solo es un proyecto virtual, que carece de financiación porque, o bien no la tiene el magnate de los casinos, o bien no desea aportarla; y ante toda esta falacia parece postrarse todo un Gobierno de una nación.

Lo que se ha puesto sobre la mesa es el posible imperio del ocio, del vicio y de la corrupción, de forma documental o informática, de inversión nada de nada, mientras el Gobierno español que ya tiene la correa desabrochada se empieza a echar los pantalones abajo.

¿Ustedes ven normal que un ciudadano extranjero llegue a un país y consiga que el poder legislativo modifique sus leyes, las que estamos obligados a cumplir sus ciudadanos, para adaptarlas a sus intereses y conveniencia?

Una vez más se pone de manifiesto la falta de ideas, la poca seriedad, lo vulnerable que es este

Gobierno, y la poca personalidad que muestra y tiene, al entrar al juego de esta sociedad extranjera. Si la clave son los "prometidos" puestos de trabajo, por qué no se legisla para favorecer los gastos de la empresas existentes, así como para abaratar y apoyar a los emprendedores en potencia. Por qué no se eliminan gastos en seguridad social, IRPF, etc., para que la gestión empresarial-laboral sea económica.

Señores del Gobierno si permitís un paraíso de corrupción, perversión y delincuencia, concediendo tratos de favor tanto fiscales, empresariales y de conducta de los clientes o personas que frecuenten esos locales del ocio. Si modifican las leyes, como la del tabaco, para esos recintos cerrados, tendrán moralmente que dejar de aplicarlas al resto de los ciudadanos. Tendrán que deshacer todo lo legislado anteriormente, lo cual vuelve a dar una imagen pésima de servilismo y falta de criterios. Ustedes se venden al mejor postor, en este caso, quizás lo están haciendo al peor, y como nos tienen acostumbrados, es difícil imaginar que lo hagan a cambio de nada, así que no me queda más remedio que preguntarles: ¿Qué van a pillar?

Yo soy partidario de menos fantasías porque muchos humanos no están a la altura y viven del engaño, y esto se parece al cuento de la lechera, sería preferible tener un proyecto industrial productivo como país, cimentar adecuadamente su base, fomentar el empleo, la productividad, la rentabilidad y la competitividad. Habría que dejar de escuchar los cantos de sirena y ponerse a trabajar con sentido común y seriedad.

La patronal de este país ha engañado al Gobierno junto a otras voces que se hacían eco, para convencernos de que la única forma de ser competitivos era bajando los salarios y haciendo perder los derechos laborales de los trabajadores, y ustedes le escucharon. Después les contaron otra mentira diciendo que la forma de crear empleo era abaratando los despidos, os convencieron para su propio beneficio, y las cifras de desempleados no solo no bajaron sino todo lo contrario.

Ahora, es más cómodo para ustedes creer en el proyecto Eurovegas, que trazar un plan viable de productividad, bajada de costes laborales, impuestos, etc., que promueva el empleo, los nuevos empresarios o emprendedores, y el consumo. Ustedes prefieren hacer un oasis de delincuencia, un mini paraíso fiscal español, y tragarse la rueda de molino porque o bien no dan para más, o tienen intereses en ello.

LA PICAREZCA DEL TRABAJO - 26/09/2013

Qué lamentable se me hace, que en muchas cosas que se hacen en la vida, y por la tendencia a salir beneficiados, algunos solo piensen en si mismos, arrimando ascuas a su sardina; perjudicando a otros. Qué lamentable me parece, que tengamos que estar en alerta, continuamente, para que otros no se queden o se sirvan de lo que nos corresponde. Por último, en la misma línea, qué lamentable es que tengamos que estar buscando la legislación porque la otra parte sabiendo que debería aplicarla no lo hace o, la aplica según su conveniencia.

Lo que es de una parte, es suyo y le corresponde, la ley le ampara y nadie ajeno ha de venir a conculcar lo que las normas dictan; pero igual para una parte actora o interviniente como para la otra.

Por qué la costumbre de negociar a ganar solo una parte. Por qué exigir lo que se sabe que no es legal o, simplemente, que no corresponde. ¿Hasta cuándo se tiene que estar tolerando las presiones e insinuaciones, que algunos pretenden convertir en norma de conducta?, Por qué algunos utilizan la desestabilización del grupo para manejarle mejor. Por qué hacen mención a lo que rumorean terceros, tal vez incierto o inventado, para con la mentira cohibir al grupo.

Esas maniobras se ven desde el exterior, solo los más ingenuos piensan que un colectivo puede ser manipulado burdamente. Esto no es cierto, mucho menos cuando se trata con personas mayores que tienen una cierta preparación, formación y saben hacer sus consultas. Por no decir que conocen las teclas que hay que tocar para saber la verdad del asunto, e incluso pueden enterarse de cómo dar la vuelta a la tortilla. Hacer intervenir a terceros, que podrían obligarles a tratar al grupo con el respeto que se merece y la legislación correspondiente; no la amoldada a sus intereses.

Generalizo, no hablo de un caso concreto, aunque sí me refiero a una forma de interrelación habitual en cuestiones laborales principalmente. Es tan frecuente, que diría que se está dando en un elevado porcentaje de relaciones laborales, pues muchas empresas conviven con la ilegalidad, en mayor o menor grado.

Los empresarios no son ogros y las empresas no son campos de concentración, no faltaría más. Pero en el juego monetario, el empresario es el banquero, y generalmente antepone el euro a cualquier otro derecho. Es por ello, que insisten en el despido libre. Es por ello, que se saltan la ley en muchas pequeñas cosas que suelen suponer pequeños recortes de los derechos del trabajador. De la suma, de esos pequeños recortes no legales, sustraída a todos sus empleados; el empresario obtiene un desembolso más ajustado, menores gastos para su empresa. ¿Quién o qué autoriza al empresario a aplicar medidas unilaterales que escapan de lo reglado en un convenio, o en la misma ley?

Para ir acabando, me vuelvo a preguntar por qué no es posible, en muchos casos, un trato de respeto y consideración mutuos entre trabajador y empresario. Por qué se ha de ver y representar como una relación de partes contrapuestas, enemigos los unos de los otros, si el fin debería ser el mismo. Formar un grupo o equipo de trabajo cohesionado, con un objetivo común, válido para todos, del que todos se beneficien, creciendo y prosperando.

Por qué se han de convertir las relaciones laborales en interminables y disgustadas jornadas, llenas de sinsabores y discusiones. Todo está reglamentado, legislado, y solo hay que ser lo suficientemente responsable, por ambas partes, como para saber interpretarlo, aplicarlo y respetarlo.

EL HORROR DE LA GUERRA - 01/10/2013

Quiero hablar del horror de la guerra y para ello me amparo en las imágenes que acabo de visionar, contenidas en un documental sobre la guerra entre americanos y japoneses, por el control de la isla Iwo Jima, en 1945.

Los japoneses habían realizado túneles a lo largo de toda la isla con cientos de puestos camuflados y subterráneos, desde donde disparaban con sus ametralladoras. Asimismo, habían dispuesto un nido de ametralladoras en el punto más alto de la isla, desde donde dominaban la misma. Por último, jugaron con el factor sorpresa, sin repeler el bombardeo que desde los barcos y desde la costa realizaban los americanos, dando la impresión de no estar la isla lo suficientemente defendida. Los japoneses dejaron desembarcar a los americanos para lanzar un salvaje ataque, que terminó con la vida de miles de soldados; a pesar de ello, los americanos lograron hacerse con la isla, dejando en el camino 6000 vidas propias y aproximadamente 20000 de los japoneses, que si no recuerdo mal son los japoneses que se encontraban refugiados en los túneles.

Una vez relatada a groso modo lo que es cualquier guerra y haber visto muchos muertos, heridos, mutilados y otros cuerpos destrozados, comienza la cabeza a dar vueltas tratando de comprender qué da lugar a que unos hombres tracen unas estrategias, y realicen unas crueles maniobras, que no tienen calificativo posible, para acabar con la vida de otros hombres.

Sinceramente que no lo entiendo, no comprendo la no sintonía, el odio que se tiene que sentir, el miedo que se ha de sufrir para ser parte de este irracional acto que es la guerra. No digiero cómo se puede empujar a miles de personas a morir y a asesinar, ni cuáles pueden ser los motivos tan tremendos que no pueden ser resueltos con conversaciones, con respeto y sin destrucción, ¿cómo y por qué se alcanzan estos niveles de incivilización?

Se trataban unos a otros como de alimañas a las que hubiera que liquidar por la fuerza de las armas, y para ello no quedaba tiempo ni posibilidad de asearse, comer o descansar; y lo más bestial relatado en el documental, se hacían sus necesidades en los pantalones. Pues parar para ello, significaba que te liquidaban si te mantenías de pie unos instantes. ¿Se imaginan el grado de incomodidad, insalubridad, olores, etc.?

Cualquier guerra es inhumana, demencial, sangrienta y terrorífica, seguro que hay muchos otros calificativos para describir un acto de violentos asesinatos, que representa el orden más loco o enfermo de la humanidad. Este aspecto tenemos que corregirlo, debemos poner fin a cualquier acto bélico porque no es digno de personas con formación y cultura. Las desigualdades hay que debatirlas siendo lo suficientemente hombres, como para tener el coraje de no cometer abusos sobre tus semejantes, así como para respetar nuestras vidas y la de los demás.

Por favor, estados poderosos del mundo, organizaciones mundiales, coordínense, pacten, hablen, debatan, dejen de hacer dinero con la venta de armas, quémenlas todas si hace falta, demuestren inteligencia para no seguir colaborando con la destrucción de los pueblos. Eduquen a sus ciudadanos, ofrézcanle vidas atractivas, satisfactorias, prosperas. Ofrezcan formación, no discriminación, velen por el bienestar de todos sus ciudadanos, porque vivir mejor todos es posible cuando unos pocos renuncien a querer vivir solo ellos. Cuando unos pocos dejen de disponer de las vidas de los otros, y fundamentalmente cuando se enteren que se puede y se debe amar al otro. Como principio fundamental del ser humano e inteligente, respetuoso con su entorno, y todo lo que lo constituye. Esta es la forma en que se preserva el planeta y la humanidad, la guerra es una locura interminable a la que hay que poner fin.

INSOLIDARIDAD - 10/10/2013

Cuántas veces hemos oído, a los especialistas en el tema, decir que la producción de alimentos en el mundo es suficiente como para erradicar el hambre, ¿por qué no se hace realidad el poner fin a esta tragedia humana?, ¿qué está sucediendo para que todo siga igual o peor?

Desde que era niño llevo viendo imágenes de pueblos que se comen las raíces de las plantas, los insectos que pueden capturar y poco más, evidentemente padecen carencias de todo tipo, tienen una esperanza de vida muy corta, y una mortalidad infantil súper elevada.

Las asociaciones llamadas ONGs llevan toda la vida tratando de hacer llegar medios a estos pueblos que están sumidos en la más dramática miseria. Antes, ya dije que carecían de alimentos, pero aún es más grave pues carecen también de agua potable, y, peor aún, de expectativas de que su futuro vaya a cambiar, porque somos insolidarios por diferentes motivos.

Siempre se ha oído, lamentablemente, que de la ayuda aportada solo llega una pequeña parte, no se si será cierto, parece que se pierde en el camino, bien por asaltantes, bien porque algunas condiciones humanas indignas no permiten el total aprovechamiento de las donaciones. Noticias de esta índole han saltado a los medios de comunicación desgraciadamente, provocando en los ciudadanos desconfianza hacia las ONGs.

Un mundo de abundancia donde la diversión, el lujo, el juego y la corrupción están a la orden del día en el primer mundo, que no es más que el mismo mundo, vive paralelo a ese otro panorama asolador sin que este tome consciencia de lo que está permitiendo. Sabemos que cada país tiene sus gobernantes pero es inhumano mantener a un pueblo en tales condiciones de miseria y muerte. Si el estado, pueblo o país carece de recursos y desde el primer ciudadano al último se encuentran en estas condiciones, el resto del mundo desarrollado tiene la obligación, como seres humanos que somos, de ayudar a que estas zonas deprimidas alcancen un mínimo de bienestar. Pero si sus gobernantes y cuatro más atesoran fortunas mientras el pueblo muere de hambre, hay que obligarles a repartir o a crear las condiciones necesarias para que exista un mínimo de progreso o de medios para poder subsistir dignamente. En caso contrario habría que sacarles del país y encerrarles por crímenes contra la humanidad.

¿Cuánto tiempo más hay que tolerar esta situación mundial, mientras que hay una lucha de poderes entre países por cosas sin importancia? Señores gobernantes de los diversos rincones del mundo, la gente está muriendo de la falta de un bien tan básico como es alimentarse, eso que ustedes hacen en exceso hasta adquirir colesterol, taponarse las arterias con grasa, padecer la gota de tanta carne y marisco, o echarse el hígado a perder de tanto privar. Hay gente que no tiene nada que comer, que resignados esperan la muerte, sentados, esqueléticos, sin esperanza de ninguna clase. Esta misma mañana, hoy, está sucediendo esto mientras usted se dirige a comprar un coche nuevo, de alta gama, de no se cuantos cientos de miles de euros. Mientras usted está pensando en comprar un apartamento en una urbanización de lujo, junto al mar, para recreo y diversión. Mientras usted está tirando miles de euros en un casino, y mientras casi todos los Gobiernos del mundo solo saben pensar en el modo de subir el número de sus votantes para las próximas elecciones.

Lo peor de todo quizás sea que la perversión es de tal magnitud, que alcanzado cierto nivel social, como si de una adicción se tratara, casi todos juegan a lo mismo, se envuelven en un manto de distanciamiento con el resto de la humanidad y comienzan a vivir en su mundo. Un mundo que parece no estar aquí y que parece hecho a medida para la diversión improductiva, la inconsciencia y la deshumanización.

Somos un todo, esta es la ventaja y el problema, y es de lo que no se han dado cuenta ciertas personas cuando actúan como lo hacen, es por ello que mientras una parte de la población mundial siga padeciendo hambre, sea victima de las guerras continuas, etc., la otra parte de la humanidad no puede sentirse bien, aunque pudiera parecer lo contrario algunas veces.

ÉRASE UN PAÍS I - 10/10/2013

Erase un país al que se le arruina mediante el saqueo continuado en el tiempo, para que su presidente pudiera ir por el mundo ofreciendo a los inversores mano de obra barata, como resultado de una nefasta reforma laboral, que ha empobrecido a la población y ha hecho descender el consumo provocando una alarmante cifra de desempleados.

Erase un país el cual tenía una justicia sesgada por deberse a los dictados de su Gobierno, que impedía juzgar a los poderosos, que nunca recuperaba los dineros que les eran sustraídos a pesar de haber condenado a sus responsables, y donde el peso de la ley tarda siglos en caer sobre los infractores, por las razones que fueren: falta de personal o de recursos materiales, desidia o desinterés, u obstáculos varios.

Erase un país con un Gobierno que salió elegido en las urnas con un programa electoral, que nunca ha cumplido, que ha engañado a todos los españoles refugiado en la herencia recibida, de la que tenía que estar al día por ser el primer partido de la oposición y segunda fuerza política del país, o de lo contrario no sabía donde estaba ni lo que hacía.

Erase un país donde los sueldos millonarios de sus políticos en nada se parecen a los raquíticos sueldos de sus ciudadanos, y mientras estos no dejan de bajar, aquellos no dejan de subir. Por tanto, erase un país donde la crisis la están padeciendo los de siempre, los que soportan los contratiempos económicos del país con sus impuestos. Los políticos ni se han enterado de la crisis porque viven en los mundos de yupi.

Erase un país incoherente que critica la tendencia de la población de vivir de las subvenciones cuando los primeros subvencionados son: los partidos políticos, los sindicatos, los mejores amigos del Gobierno que son los bancos y la Iglesia, así como las empresas eléctricas, que son las principales empresas de recolocación de políticos inservibles.

Erase un país que ha enterrado miles de millones en edificios destinados a unos juegos olímpicos fantasmas, que dice no tener dinero suficiente para lo que de verdad supone bienestar social , recortando en sanidad, ayuda a dependientes, en educación, en investigación y desarrollo, etc.

Erase un país donde el orgullo de sus gobernantes, es no gobernar sino seguir los dictados de Europa. Han logrado colapsar al país con la deuda pública mayor de toda la historia. Han hecho una España mucho más pobre endeudando a varias generaciones venideras, pero han conseguido que los fuertes inversores no inviertan por el alto riesgo, pero sí que se enriquezcan a nuestra costa.

Erase un país que ha sabido reconvertir a sus políticos en agricultores, y como especialistas son los únicos que saben ver brotes verdes donde el resto de la población solo ve un agujero negro, un pozo sin fondo, un plantel de chorizos, corruptos y sinvergüenzas. También ha servido la situación para aumentar la agudeza visual de los gobernantes, y son estos los únicos que ven una luz al final del túnel, aunque la crisis se plantara en España sin que los hábiles economistas vaticinadores de los brotes verdes o de la luz al final del túnel se dieran cuenta de por dónde les venían las ostias.

Erase un país necesitado de que sus políticos pongan los pies en la tierra y comiencen a pensar más en los intereses de los ciudadanos, que en el triunfo de las próximas elecciones.

CANIBALISMO MONETARIO - 13/10/2013

Cuando se habla con los conocidos y nos referimos a la posibilidad de cambiar la sociedad, existe una incredulidad importante a que eso pueda suceder, casi no albergan ninguna duda, desde luego aducen que la gente va a su avío y que procede con total egoísmo.

Desde luego que en esas condiciones pensar lo contrario es complicado, pero estoy obligado a tener esperanza por creer que todos tenemos la capacidad de cambiar.

Creo en eso que digo, entiendo que podemos evolucionar apenas nos lo propongamos y empecemos a "domesticar" a ese ser despiadado, desconsiderado, egoísta, que el conjunto de la sociedad ha establecido como ser casi normal. Normal no lo es, pero la frecuencia o repetición del modelo, acentúa la apreciación de normalidad.

Vuelvo a repetir, como ya he dicho en otras ocasiones, que una sociedad diferente a esta que se ha implantado mundialmente, no por ser la mejor o más buena, sino por ser la que más interesa o beneficia a los esquemas y expectativas de los que ostentan el poder por medio de sus abultadas cuentas corrientes, es posible. Esta gente pactaron un mundo de desigualdades provocadas para servirse de este desequilibrio, ¡ojo!, que digo de desigualdades provocadas para sus intereses, y no de algo muy diferente como es la biodiversidad de pensamientos, creencias, etc., esto último enriquecedor por el aporte complementario de los diferentes puntos de vistas, que da lugar a lo genuino, auténtico, creativo y artístico.

Una sociedad donde impere el sentido común y cuyo objetivo principal sea crecer como persona en todos los aspectos: valores, educación, concienciación, progreso y bienestar. Esto es lo más bonito, lo más maravilloso que podemos realizar, entender que estamos aquí para vivir todos, sin distinción de sexo, raza, religión, pensamientos, fronteras, etc., y que debemos establecer un orden nuevo, equilibrado y cuerdo, en pos de la consecución de un sistema, sobretodo, humano; en un mundo sin fronteras, sin enfrentamientos, donde nos importen los demás, donde pensemos en los otros, donde lleguemos a amar a los otros. Un espacio a la libertad con respeto, con inteligencia, para vivir en paz toda la humanidad, proyectando y trabajando como una colonia de hormigas, con orden, disciplina y con la satisfacción del trabajo colectivo, para fomentar el bienestar de todos, sin que se nos quede nadie detrás, por mucha distancia que haya entre nosotros.

Ya no se puede tolerar por más tiempo que una elite salvaje y despiadada, permita que los humanos se destruyan porque a ellos les reporta millones de euros, dólares, etc. Esto no puede seguir más tiempo porque no es más que un genocidio provocado por los movimientos macroeconómicos, insensibles y despiadados. Los gobiernos de los países del mundo están comandados por estos asesinos de guante blanco, por estos genocidas, y no son capaces de rebelarse porque se emborrachan de poder frente a los indefensos ciudadanos. Son comprados por el poder del dinero, por esos insensatos y crueles seres, que mantienen las miserias del mundo para amasar incontables fortunas, signos de su desprecio hacia la raza humana.

Yo le llamaré: canibalismo monetario, masacre legal al amparo de los gobernantes que se suman a sus filas porque desean perpetuarse en el poder, y eso va a depender de lo fiel que sean a sus amos.

TELEVISIÓN Y PUBLICIDAD - 15/10/2013

La televisión está incorporando unos mensajes que difunden cuando cortan una emisión para lanzar la publicidad, con ello lanzan la pelota al tejado de los telespectadores, al mismo tiempo que ellos se descargan de culpabilidad, porque al fin y al cabo saben que no lo están haciendo bien, y como otros, se doblegan ante el dinero.

El mensaje, al que me refiero, viene a decir que este programa lo vemos gracias a la publicidad, que es posible verlo por ese patrocinador. Yo como debo ser un zoquete, le doy vueltas y siempre llego al mismo punto, no entiendo qué ocurriría si la publicidad se emitiera entre programas, si todas las televisiones del país se pusieran de acuerdo para incluir la publicidad, solo, entre espacios. Lo que sucedería es que sería mucho más placentero seguir un programa, molestarían menos, nos respetarían mucho más, y la vocación de servir al ciudadano y no al dinero como principal objetivo, mejoraría la opinión pública respecto de los medios de comunicación masivos.

Una vez más, algo que podía ser tan sencillo, que no acortaría los tiempos publicitarios y no alargarían innecesariamente los tiempos de las emisiones, facilitaría ver televisión sin cortes, así como tener la impresión de que se nos respeta. Lamentablemente, la vocación de dar el mejor servicio al ciudadano se pospone, al objetivo primordial de hacer caja y, repito, que sería tan fácil como que se acordara a nivel nacional que la difusión de publicidad se realizara entre programas.

Si alguien no lo ve así, que nos explique por qué no se puede hacer de esta manera. Es probable que diga que no sería el mismo precio ni el mismo interés para las compañías, pero esto es una falacia, pues al no haber otro momento para la emisión, si quieren llegar a los telespectadores, tendrían que seguir pagando lo mismo para ser incluidos entre programas, de otra forma no podrían hacer uso de este medio de comunicación.

Lo que sucede es más de lo mismo, interrupciones e intromisiones en casa de los ciudadanos, una forma de imponer, de manipular, y abundar en las artes y maneras de un sistema capitalista que trata de mantener sometido al conjunto de los ciudadanos. Actúan de esta forma para poder hacer con ellos lo que más le convenga a los estamentos de poder, entes financieros, monetarios y demás organizaciones al servicio de las ganancias, las inversiones y los capitales.

La falta de libertad debido al falso sistema de democracia dictatorial, en el que ellos siendo la minoría dictan y el pueblo, siendo la mayoría, obedece. Nos mantienen estabulados como a las bestias, engañados, se dirigen a los ciudadanos como si no fuéramos capaces de razonar, como si fuéramos tontos. Legislan para perpetuarse en el poder, a la vez, que favoreciendo los dictados del poder monetario, mientras se ignora al ciudadano, no importándoles las repercusiones que su ineptitud y sinvergonzonería tenga en nuestras vidas. Dándoles igual si nos acostamos con la barriga más o menos llenas, o estando vacías. Dándoles lo mismo si tenemos trabajo, o no. Si podemos pagar la hipoteca, o no. Si nuestros hijos pueden seguir estudiando, o no. Si vamos a ser atendidos sanitariamente, o no. Ellos son los que no tienen problemas, a ellos no le afectan los recortes porque ganan suficiente como para pagar esos servicios de un modo privado. Ellos no soportan las listas de espera en los hospitales. Tampoco no sufren la reforma laboral, la legislan para los ciudadanos,.... ellos son de la élite.

En definitiva la televisión juega a lo mismo, porque se doblegó a los mandatos de las influyentes multinacionales.

EXÁMENES - 17/10/2013

Cuando estudiar deja de ser un placer por tener que hacer exámenes, para demostrar lo que se sabe, pasando por el tamiz de las calificaciones. Considero que el sistema es bien antiguo, te dan la hoja en blanco, coges tu bolígrafo, pones tu nombre lo primero, guardas silencio y en ocasiones, te invaden los nervios dependiendo de lo que te juegues.

Todo esto está construido con una lógica obsoleta establecida en tiempos medievales, que se prolonga hasta nuestros días. No ha cambiado mucho aquella rigidez soportada en las incomodas bancas de madera, que se convierten en dolores insoportables de glúteos, acompañados de atracones de estudiar, embotamiento y la consabida sensación de no saber nada o de no acordarse de nada. Cuando esto sucede, además de las nauseas, es inevitable un cierto grado de ansiedad sufrida por muchos alumnos, que en un exceso de responsabilidad luchan hasta la extenuación quitándose horas de sueño, por superar la prueba de evaluación de sus conocimientos.

Aquí estoy con más años que el pato donald, y parece que no puedo abandonar este laberinto de la memorización, un curso tras otro, una materia tras otra, que suman tanto contenido que amenazan con achicharrar mis neuronas; si todo está en los libros y puede ser consultado, por qué continuamos formándonos poniendo en valor la capacidad de memorización. ¿No podríamos aprender a manejar la información, así como saber dónde buscarla y a emplear el conocimiento de un modo práctico, experimentando?

Tal vez el problema sea que de esta forma cualquiera podría desarrollar cualquier profesión, sabiendo manejar los conocimientos de los libros, y como dije antes, adquiriendo la experiencia suficiente mediante la práctica necesaria. Esto desde el punto de vista habitual le resta importancia a los memoriones, a los que destacaban como empollones, pero se debe entender que si los datos se encuentran impresos, se sabe donde acudir, buscar e investigar, el esfuerzo que requiere la memorización más las tensiones añadidas de los exámenes, se podría utilizar en adquirir pericia para aplicar el conocimiento en las diversas funciones de la vida laboral, en las empresas en particular, ajustándose a la demanda real.

Punto y aparte es que por decisión propia y por amor a su profesión, el individuo lea todo aquello que considere relacionado con su trabajo para llegar a ser un mejor profesional y crecer personalmente al ritmo que le apetezca, sin tenerse que poner a prueba.

Ser un buen estudiante, una buena persona o un buen profesional debería ser una elección propia de personas conscientes y responsables. De lo contrario, esas mismas personas se descalificarían, con el paso del tiempo, si no son capaces de manejar y aplicar correctamente la información. Llegado a este punto, me doy cuenta de que hay que fabricar gente a la que se le mentalice, para que siendo libre, comprenda de la importancia de su formación, a la que han de prestar especial atención si pretenden llegar a ser buenos profesionales en sus correspondientes campos de acción.

Las estadísticas dicen que los resultados, salvo excepciones, no son brillantes. La presión, esa obligación continuada que siente el estudiante de someterse a evaluación durante todos los años de su vida estudiantil no arrojan los resultados, que con otros sistemas se obtendrían. Se van unos políticos y los que llegan cambian lo establecido, pero no se cambia el fondo, no se revoluciona, se matiza, pero como dice el dicho popular: "aunque la mona se vista de seda, mona se queda".

No me cabe ninguna duda, que el individuo da todo de sí cuando está motivado y convencido de lo que hace y para qué lo está haciendo. Además hacen falta un aspecto que hoy tal vez ha quedado relegado o ha desaparecido: el respeto en las dos direcciones (alumno-profesor). Hace falta humildad por partes de muchos profesores, educación por parte de muchos alumnos, conceder cada cual el sitio que le corresponde al otro, motivar con una formación muy práctica y real en consonancia con lo que es necesario en el mundo industrial, empresarial, de servicios, etc.

Una vez más creo que el cambio es posible, tendrán que ser los técnicos correspondientes los que deban decidir que hacer con la formación para que de sus mejores frutos, los mejores profesionales de cada campo, pero que se encuentren rodados al finalizar sus estudios, y esto solo se consigue simultaneando la formación con el trabajo real. Ni que decir tiene, que la formación ha de carecer de contenido superfluo y ajustarse a la operativa real.

RELIGIÓN - 19/10/2013

La palabra religión proviene del latín, de la palabra religi, re que significa intensidad y ligio, del verbo ligare, que significa unir, o sea, unir con fuerza. De esto, a tener la obligación de creer en algo que no se ve en toda la vida, a sentir temor a ser castigado por seguir una conducta apartada del dictado de no se sabe quien, que ha difundido lo que ha entendido o le ha parecido, por ser numerosas las posibles interpretaciones dadas a lo que, si existió, tal vez fue alucinante y maravilloso, pero para lo que muy pocos estaban preparados para interpretar; va un trecho. Por tanto, la comprensión de lo que podían estar contemplando, seguro se les escapaba a sus capacidades.

Es muy posible que alguien en la antigüedad viviera una vida interior tan intensa, que llegara a desarrollar todas sus capacidades, se realizara, esto no lo pongo en duda. A partir de esto, montar toda la parafernalia de poder y ostentación, que de algún modo envuelve a la práctica de la religión actual, y sobretodo a los dirigentes, a la curia que comanda el ejercicio de la fe; considero es una pasada, teniendo en cuenta los problemas no resueltos en el mundo.

El patrimonio mundial de la Iglesia es descomunal, edificios de grandes dimensiones, llamativos y ostentosos, que albergan muchas obras de arte en forma de pinturas y esculturas, para acoger fieles. Me pregunto, si es necesaria tal opulencia para ejercer el que se supone ha de ser uno de los más humildes magisterios.

La incoherencia da como fruto la falta de confianza, la incredulidad, y como resultado de todo ello, las Iglesias vacías, la poca vocación religiosa de los jóvenes, la carencia de sacerdotes y monjas. El modelo tiene que cambiar desde las altas esferas eclesiásticas, resituando a cada estamento en su sitio, sin inmiscuirse en aquellos asuntos que no les corresponden y atendiendo aquellos otros que tienen olvidados.

El Vaticano, como signo más representativo de la Iglesia católica, no puede salir en los medios de comunicación como ejemplo de corrupción, como un poder monetario, o como inversor de empresas de armamentos, porque esto descuadra y desvanece cualquier pequeño anhelo religioso.

La curia religiosa tiene que dejar de presionar y querer seguir siendo, como en la antigüedad, un estamento de poder que presiona a los Gobiernos. Debe confiar más en lo que están haciendo y difundiendo, así como que deben dar ejemplo del fundamento de la unión a conseguir entre todos los seres humanos, sin distinción de ninguna clase. Los que pretenden impartir religión, lo deben hacer desde la sencillez y la humildad, por supuesto en los templos, a ser posible en edificios austeros. Es aquí donde se debe impartir la conducta recta a conseguir por un buen creyente: respeto, comprensión, tolerancia, amor y colaboración hacia sus semejantes. La religión debe salir de las aulas de los centros escolares, no hay que condicionar a nadie, ni hacer distinciones en las clases, no hay que separar o marginar a los críos, no hay que hacerles pasar por ello. Todos aquellos que quieran y deseen seguir una conducta religiosa, que acudan con la frecuencia que crean oportuna a la Iglesia para alimentar su fe, pero no en los colegios, no como una imposición, y mucho menos como una asignatura obligatoria con evaluación añadida.

Este es un país laico y cada cosa debe estar en su sitio, una verdadera religión entre los hombres tiene demasiadas cosas pendientes que hacer para el bien de los más necesitados, como para que esté jugando a coger un trozo de la tarta del poder.

INEPTITUD GUBERNAMENTAL - 21/10/2013

De nuevo nos vuelve a irritar a los ciudadanos, la inutilidad de los gobernantes que ha tenido este país desde la muerte del dictador, no modificando el código penal de 1973; en cuanto al tiempo máximo de permanencia en prisión: 30 años. Cuyo tiempo menos los beneficios que se le pueden aplicar, también por ley, nos hace no comprender cómo una etarra con más de 24 asesinatos, premeditados y calculados, es condenada a más de 3000 años de cárcel, y pelea en estos días, apoyada en la doctrina Parot, por su excarcelación no habiendo cumplido, al menos, ese total de 30 años.

Aún cumpliendo ese tope establecido por la ley obsoleta de 1973, han pasado por los ingobiernos muchos que se han hecho millonarios con el cargo; pero a los que no le han dolido los asesinados, lo suficiente como para modificar la ley del dictador, y aplicar condenas ejemplares a los asesinos. Los cuales pierden todos sus derechos a vivir en libertad para el resto de sus vidas, en cuanto han hecho ellos lo mismo con personas inocentes. Si sus victimas no ven más la calle y les han sido truncadas sus ilusiones y proyectos, ¿cómo puede un Gobierno poner en la calle a asesinos, con el cuento de la inserción?

Hay que insertar a los enfermos que comenten un delito en la inconsciencia de su enfermedad, y siendo enfermos recuperables, se les sana, y se les incorpora a la sociedad. Se puede insertar a personas que vivieron en condiciones de pobreza, baja educación, etc., para los que se aprovecha la privación de libertad para ofrecerles formación, y pueden encontrar un camino diferente al de la delincuencia. Pero no se puede ofrecer lo mismo a aquellos que se constituyen en una banda criminal, que tratan de imponer sus ideas o filosofía queriendo someter a una sociedad por el miedo, la extorsión y el asesinato, proyectado y totalmente premeditado.

El Tribunal de Estrasburgo amenaza con liquidar la doctrina parot, y yo lo que digo es que lo que hace falta es que esos delincuentes tengan que cumplir sus penas integras, sin beneficios penitenciarios de ninguna clase, y sin afectarles ese tope obsoleto de 30 años. Asesinar a 24 personas tiene una pena de cárcel de más de 3000 años, pues que los cumpla. Ya sabe, eso significa muerte encerrada, que es lo que se merece alguien que tomó libremente la decisión de matar a 24 personas. ¿Acaso no son lo suficientemente importantes aquellas 24 vidas, como para que la etarra que les asesinó muera entre rejas?

Cuando tenemos que debatirnos entre si unos años más o menos, centramos el debate en algo ajeno a lo mollar, que no es más que una asesina que tiene estas características no puede ver más la calle, no puede tener vida propia, no puede seguir disfrutando de un solo minuto de libertad en toda su existencia, porque es el mismo tiempo de libertad que ella le ha concedido a sus victimas. ¿Importa la vida de una asesina para la justicia y los Gobiernos, y no interesan las vidas de las victimas, las condiciones de penuria de una población sin derechos laborales, sin trabajo en muchos casos, con sueldos de risa para justificar una competitividad inventada, una sanidad tocada que no les afecta a los gobernantes, que no soportan listas de espera y que pueden pagarse una sanidad privada, y demás atrocidades que están haciendo con los ciudadanos? ¡Esto es indignante!

Después hablan de violencia cuando se les protesta ante sus domicilios, y yo les digo a los ineptos serviles que nos gobiernan que la repercusión de su ineptitud si que es violencia para el pueblo.

PATAS ARRIBA - 22/10/2013

Hay que ver como está el país, todo patas arriba, la sanidad se manifiesta, educación igual, los obreros de muchas empresas luchan por defender sus puestos de trabajo, los ciudadanos estamos indignados con la lentitud de la justicia, con su inactividad y, del mismo modo, estamos hartos de tanta corrupción.

Queremos libertad, bienestar, justicia, honestidad, sentido común, y gobernantes que cumplan con sus obligaciones. Necesitamos una sociedad responsable, de gente responsable, cumplidora, que sepa qué tiene que hacer para conseguir el equilibrio social, el bienestar y el progreso.

¿Dónde están las personas que sepan hacia donde vamos?, yo solo aprecio muchas discusiones en las que unos culpan a los otros, pero no oigo a nadie decir qué hacer, cómo hacerlo, y sobre todo por qué hacerlo; o sea, saber que se espera y cuáles serán los resultados.

Hablan de salir del túnel, ya lo de la luz al final del túnel ha pasado, es historia. Ya están percibiendo una España saneada, cuando algunos solo vemos una España empobrecida en términos generales, salvo el sector élite, que de su casita blindada no ha salido y, por supuesto, no se ha enterado de nada, dejando una España endeudada.

Algunos provocaron el tsunami, lo reinventaron para arrasar a la población y borrarles de sus cabezas aquellos tiempos pasados. Han tratado de hacernos una lobotomía para provocarnos la amnesia, de modo que la felicidad de los tiempos recientes nunca ha existido.

Las condiciones del juego se convirtieron en una amenaza, para manejar a una población que se unificaba por la falta de diferenciación de clases; por lo que urgía intervenir para crear la desestabilización, de nuevo las diferencias de clases, la pobreza y con ello la dispersión. Volvemos a una posguerra, a tiempos de escases, en los cuales no hay tiempo más que para buscar el sustento y esto nos priva de hacer ruido, mucho menos, de disponernos para defender en conjunto lo alcanzado, puesto que no nos han dejado nada que merezca la pena defender.

De nuevo comienza la carrera por mejorar, por salir de este pozo y, lo peor, es que han visto y aprendido cómo hemos ido cediendo terreno, por lo que ahora no van a parar. Las restricciones y las prohibiciones son el camino que se han marcado, la austeridad del pueblo y para el pueblo, que las altas esferas ya disfrutan por nosotros.

¿Qué clase de personas hunden a sus semejantes?, no me cabe en la cabeza, no se qué sangre corre por sus venas. Desconozco sus objetivos ni la religión que practican, no se cuáles son sus creencias, no se cuántos golpes de pecho se dan, ni qué cara ponen cuando hablan con sus amistades o vecinos a los que están perjudicando con su manera de actuar.

No se qué España sueñan, si sé de la verborrea tan burda y extensa que gastan en los medios de comunicación. Sé cuantas mentiras nos hemos tenido que tragar en los últimos años, muchas más en tiempos de esta crisis que cada semana decían una cosa y la contraria. Un incumplimiento tras otro, una manipulación tras otra, un absurdo tras otro y, paso a paso, el país cayéndose a pedazos.

Ha sido una pesadilla, una broma pesada, no sé de qué se ríen tanto los políticos cuando se encuentran reunidos y apunta la cámara. Parece que estuvieran de cachondeo celebrando el éxito de la reconquista del terreno cedido. Es como un comics y nombran a los salvadores, algunos de los cuales o bien han hundido alguna empresa, o bien eran consejeros asesores de un banco al que culpan como precursor de la actual situación de crisis mundial.

El panorama negativo, oscuro, negro, etc., que han provocado algunos, como ya sabemos, para destrozar el estado del bienestar, se alarga en el tiempo provocando en un primer lugar rabia e indignación. Posteriormente, se va tornando conforme se prolonga en desinterés, apatía, etc., de lo que se vuelven a valer los promotores de la crisis. Ellos lo saben y juegan al desgaste psicológico de la población, para evitar las reacciones que podían o pueden ser muy graves en situaciones como las provocadas. Los actos de los padres de familia que no tienen para dar de comer a sus familias, pueden llegar a ser imprevisibles, por lo que los promotores del desastre están jugando con fuego. No obstante, prueban la resistencia, la capacidad de resignación de las personas, y sobre todo saben que la larga duración de las malas condiciones nos hace caer en el "paso de todo", "estoy harto" y cosas así. De momento, les está saliendo bien, porque motivos han habido y han sido suficientes para que el pueblo se hubiera sublevado ante tanto castigo, desigualdad y abandono.

Estoy muy molesto interiormente, si me centro en este tema, con la pasividad de los políticos que han consentido que esta merma de derechos se haya consumado. Estoy insatisfecho por la pasividad que estamos teniendo los ciudadanos, que de algún modo debemos de estar viendo la batalla perdida. Nos hemos vuelto muy cómodos o no se qué nos sucede para que sigamos sentados en nuestras casas viendo la televisión, en lugar de estar tomando parte de alguna acción contra la injusticia social establecida.

La llamada crisis es una escabechina en toda regla, ha reventado la paz social, los derechos adquiridos, nos ha empobrecido a los ciudadanos de a pie, no ha afectado a ningún alto cargo del Estado, ellos no se han enterado, es su recompensa como mediadores y colaboradores de los estamentos monetarios para que el golpe de Estado pudiera ser posible, como ha sido. Antes, los golpes de Estado se llevaban a cabo con las armas en las manos y ahora te pisotean por el: "nosotros ordenamos y ustedes obedecen". ¡Que lastima da mirar para atrás!, lo que ellos no quieren que hagamos, y que recordemos que tan solo hace unos años, muy pocos, vivíamos como seres humanos, con una cierta solvencia, y con una cierta dignidad. Ahora vivimos como podemos, apretados, asustados, tragando por lo que nos imponen y pareciéndonos cada día más a la sociedad china, acercándonos al pago del trabajo con el plato de comida, en lo que se ha dado en llamar ser competitivos.

Las exigencias, todas, son para los ciudadanos de a pie, ¿Ustedes ven a algunos de los altos cargos del país como competitivos?, esta gente inepta ha planteado un desastre social para vendernos al mejor postor, que es lo que están haciendo. Rajoy viaja para decirles a los inversores extranjeros que vengan a España "la pobre", que inviertan aquí, donde la mano de obra es barata, tercermundista es lo que le ha faltado decir. ¿Dónde hemos ido a parar, a dónde nos han llevado, qué ruina han generado? Aquí, en este país hay gente que ha ignorado a las personas, que ha jugado con la vida de la gente, y que sigue viviendo como reyes, en la más alta sinvergonzonería, en el mayor desprecio por sus ciudadanos y en la acción más inmensa de lameculos de ciertos poderosos, a los que habría que haber ignorado.

Esa clase de dirigente debería ser desterrada de este país o condenarle por genocida, imprudencia, temeridad e incapacidad para gestionar las decisiones que favorecen a los ciudadanos. Esa gente se ha vendido y debe ser castigada con la cárcel, no ha cumplido con su obligación y, sin embargo, sigue dándole pellizcos al erario público.

TRABAJO A MEDIAS - 25/10/2013

El tema no es que las cosas estén tan mal, la cuestión es: ¿qué podemos hacer para salir de esta espiral desalentadora, controlada por un sistema que mantiene bloqueadas las salidas hacia la libertad de las personas? Un sistema que juega con el progreso como mejor se le antoja, para seguir mandando en nuestras vidas, aprovechando para empobrecernos y con ello obligarnos a ir a trabajar contentos, por un sueldo de 600 ó 700 euros, para celebrar que al menos tenemos un puto trabajo. Porque en esos casos no se puede hablar de un trabajo digno, cuando la mayoría de las veces, además de tener un salario tan reducido, tienes que estar para todo, hacer las horas que requiera el trabajo y los caprichos del empresario. Al mismo tiempo tienes que esbozar una sonrisa para mostrarle que estás feliz de trabajar tantas horas estando asegurado/a por solo 4 horas.

¿En qué se ha convertido el trabajo de hoy?, en todo lo que quieras menos en el medio digno, que debiera ser, de ganarte la vida, o sea, la forma de poder pagar tus facturas, alimentarte, etc., haciendo aquello que la mayoría de las veces no te gusta, pero que fue lo primero que te ofrecieron o que encontraste. El trabajo es para eso, pero en el momento actual casi no vale para ello, pues han interpretado que vivir desahogado es vivir por encima de nuestras posibilidades y nos han cortado las alas. Le han dado un hachazo a las condiciones en que se prestaban estos servicios, en los que se hacían estas labores, anulando los convenios y volviendo a los tiempos feudales donde el señor de las tierras, el amo, te daba cobijo y defensa, que pagabas con tu trabajo y tus tributos.

Todo lo que ha pasado ha sido para quitarles los derechos al trabajador, al mismo tiempo que le han devuelto el poder absoluto al empresario. Volvemos a ser mano de obra barata, no personas, no hombres ni mujeres trabajadores amparados en un convenio que regula las condiciones del trabajo. Eso ha muerto y, es el empresario quien dice cuánto se trabaja y en qué condiciones se trabaja. Es el empresario el encargado de engañar a Hacienda y a la Seguridad Social, con los términos en que les dice a ambos entes de la Administración, cuales son las condiciones de trabajo aunque muchas veces son otras o, bien, les comunique sus datos contables, y como es corriente, sean otros diferentes. Por tanto, los gobiernos lo que han hecho es congraciarse con los empresarios, sobre todos con los grandes empresarios, grandes en cuanto a volumen de sus empresa, que no por su calidad o catadura moral. Los magnates de los negocios son los principales hacedores de las trampas, con lo que algunos han dado en llamar: ingeniería financiera. Dar vuelta a las cifras y a la forma de declararlas, para que por el camino se pierda la mitad y se declare una ridiculez, en términos vulgares, para que todo el mundo lo entienda.

A esos, que son los gánsteres del mundo empresarial, pero que por su volumen tienen un gran número de trabajadores, son a los que el gobierno más protegen, por aquello de que no vayan a decidir irse con sus industrias a países vecinos, si les exigimos como al resto de pequeños empresarios. Algo que sería muy normal y justo, pero que para ellos significaría, estar tocándoles los cojones. Con esto, se da lugar al circo que se tiene montado de injusticia legal, de diferentes formas de aplicar las leyes, y se permite que distraigan los millones que estos dueños del escapismo, deseen. Si esto se hace así, no habrá problema, no aumentará la cifra de parados, que es el chantaje de estos empresarios, y a su vez el temor del gobierno.

Legislar desde el miedo te ata de pies y manos, porque no manda el gobierno sino el colectivo de que se trate, como pasa en este país. ¿Cuántas veces, durante esta crisis, hemos visto al presidente de la CEOE en televisión dictando medidas que debe aplicar el gobierno?, ¡muchas veces, demasiadas veces!, medidas favorables para los empresarios, y por consecuencia, desfavorables para los trabajadores. Medidas que posteriormente han sido impuestas por el gobierno en su famosa, pero nefasta, reforma laboral y anexos correspondientes de fines de semanas. Un ejemplo más, de que gobierna cualquier colectivo con fuerza, como en este caso o el de la banca, en lugar de hacerlo el gobierno elegido en las urnas, aunque el actual nos ha engañado a todos al incumplir en su totalidad el programa electoral con el que se presentó a la elecciones.

PRESCRIPCIÓN E INJUSTICIA - 25/10/2013

Algo que nunca he entendido es el concepto de prescripción de delitos. Esto supera mi sentido común, no llego a comprender que ciertos actos delictivos puedan quedar sin castigo si sucedieron hace más de cinco años, que creo que es el tiempo de prescripción establecido en nuestro código penal. Perdonen si no me ajusto fielmente a lo que dicen nuestras leyes, pues las desconozco aunque ya se que eso no me exime de su cumplimiento.

Volviendo al centro de la cuestión, la prescripción, creo que cuando sucede un delito hay un autor o autores de los mismos y hay también una pena o castigo para ellos por su autoría, y eso está ahí. ¿Por qué ha de ser importante el tiempo transcurrido desde que sucedió, hasta el momento de su descubrimiento?, ¿Por qué la justicia ha de dejar una puerta abierta, a que autores de ciertas actuaciones delictivas, puedan escapar?

Pensando mal, solo entiendo este hecho, esta laguna u oasis establecido a propósito, para que en ciertos casos en los cuales sus autores no interesen juzgar, se pueda marear la perdiz, hacer la vista gorda, etc., hasta llegar a este reducto por el cual se eluda el correspondiente castigo o pena.

Si el delito existió, se comprueba y demuestra, debe ser juzgado y penado al margen del tiempo que hubiera transcurrido desde su ejecución. Esto es justicia igual para todos, lo contrario no lo es, pues siempre habrá vecinos nuestros que no hayan sido castigados por aquellos mismos actos que otros vecinos si lo han sido o lo serán. ¿Entienden que esto sea correcto?

Debiera ser una exigencia de la gente normal y de los políticos en particular, la rectificación de las leyes para que los delitos no prescriban jamás. Es fácil de entender que no todas las investigaciones lleguen a buen puerto en el mismo tiempo, pero los casos deben quedar abiertos para cuando surjan nuevos indicios, nuevas pistas o informaciones. Es el momento en el que se deben retomar, y si se da con el autor o autores de los delitos; que puedan ser juzgados.

Esta sociedad no es clara porque los que han tenido potestad para establecer el orden y la justicia no lo han hecho, sencillamente, han dejado puertas abiertas, mecanismos "legales" a modo de salvavidas de posibles peces gordos que pudieran caer en las redes, y a los que habría que devolver al mar en libertad. No ha habido transparencia y me rio del proyecto de transparencia que nos quieren hacer ver que van a establecer. En primer lugar, porque se reúnen para acordar los términos de la transparencia, pactan la forma, el alcance de la transparencia, y cuando esto sucede, no hay que ser muy listo para deducir que si pactan qué es lo que se revela y qué no, siempre quedarán puntos no expuestos al conocimiento público. Por tanto, podemos decir que esto no es transparencia sino un sucedáneo de la misma. Por consecuencia, no deja de ser una verdad a medias, o lo que es lo mismo, un engaño a medias.

Está claro que le dan vueltas a la tortilla, pero que en el fondo no deja de ser una tortilla. Marean la perdiz, distraen la atención del ciudadano, les confunden, maquillan la situación, pero es imposible creer en quienes nos engañan constantemente. Son los mismos que legislan a su favor, que tratan de favorecerse de las medidas de obligado cumplimiento para el resto de ciudadanos. Ellos se hacen unas leyes a medidas, como lo de ser aforados y todos esos cuentos. Si un político en activo comete un delito ha de ser juzgado como cualquier ciudadano que hubiera incurrido en él, ¿por qué ha de haber ciudadanos de primera, de segunda, o tercera ante la justicia?

Concluyo diciendo que todo es una farsa, que lo han hecho siempre, que lo hacen a nuestra costa, y que los que lo hacen son una minoría con respecto al conjunto de ciudadanos del país. Que están abusando de nosotros, de nuestra inmovilidad y de nuestra desunión. Así que o nos despertamos, o viviremos según su mentira por los siglos de los siglos, amén.

ESPIONAJE II - 25/10/2013

En estos días se habla de espionaje, que también se podría llamar traición, la que E.E.U.U. realiza sobre sus socios del mundo. ¿Quién necesita tener un aliado o socio de estas características? Se habla de que lleva, tal vez décadas, controlando mediante escuchas telefónicas a los líderes de la Unión Europea, además no da explicaciones de ello.

Un ejemplo más de lo podrida que anda la mente de ciertas personas, cómo vamos a poder llegar a vivir en paz en medio de tanta desconfianza como pone de manifiesto acciones como estas de los pinchazos telefónicos. ¿Con qué derecho lo hacen? Esto no es digno ni signo de respeto alguno y debiera estar castigado con la cárcel, por lo tanto requiere que el máximo cargo de quien partió la orden, o de los que encontrándose este procedimiento como modo habitual de espiar a los vecinos, han seguido autorizándolo; tienen que dimitir inmediatamente de sus funciones, pues no son personas sino víboras.

Si esto alcanza a Obama, a los jefazos del FBI, militares, etc., todos deben ir a la cárcel por tan grave actuación contra los derechos de la privacidad de las personas, y por jugar a tener ventaja al conocer las decisiones de los otros países. Quienes hacen esto, lo proyectan o lo permiten, deben estar vetados a cubrir cualquier cargo de relevancia en un Estado. Son gente de lo peor, de la peor calaña, gente miserable, que no viven con transparencia ni aprecio hacia sus semejantes. Esta gente perturba el orden mundial, es peligrosa, manipuladora y cínica.

Esta gente quiere relacionarse desde una posición de privilegio, la que persigue desde ese conocimiento extra y robado, que le reportan estas sucias prácticas. Con esa gente nadie puede relacionarse de tú a tú, porque te sonríen desde la malicia mientras te están apuñalando, que es lo que se han llevado haciendo décadas. Entre tanto, se celebraron cientos de reuniones donde han tratado de ser como uno más, pero siempre jugaron la partida con cartas marcadas, esto es nauseabundo por su impresionante falta de ética. ¡Ojo a los demás países si van por derroteros similares!, en este caso le ha tocado a E.E.U.U., pero si no existen las peticiones de dimisión y la negativa a seguir tratando con su líder actual, puede poner de manifiesto que el juego lo estén haciendo todos los Gobiernos de los distintos países. Es entonces cuando se nos queda a los ciudadanos cara de póker, y nos avergonzamos de nuestros países, del sistema mundial de relaciones, así como del inframundo que hemos construido.

¿Alguien se ha querellado contra E.E.U.U.?, ¿alguien lo hará?, ya se verá, pero desde esta humilde posición mucho me temo, que correrán un tupido velo. De lo contrario, el otro tiraría de la manta y saldrían a la luz pública los secretos, mejores guardados, de los inmorales estamentos de poder. Esto a nadie le ha de convenir, así que harán un pacto de caballeros, de esos que se hacen a escondidas para no formar revuelo, y como siempre no nos enteraremos. Al pueblo lo sucinto y necesario, no más, que es una masa enorme que rebotada sería peligrosa e incontrolable. A esto llevan jugando desde el comienzo de los tiempos y no va a cambiar mientras estemos gobernados por personas carentes de honestidad, nada integras, nada justas, y a las que los ciudadanos les importemos un pito.

Necesitamos gente que dirija sin olvidar los valores fundamentales de la tolerancia, la comprensión, el respeto, el amor sobre todo porque este aporta casi todos los demás valores, y que esa misma gente deje de sentirse orgullosa con el poder de imponer los caprichos de la locura capitalista.

EL FUTBOL - 25/10/2013

Hablaré de futbol, lo haré solo como espectador desde el sofá de la casa, hablaré de ese deporte, como dicen algunos, de veintidós tíos en calzonas corriendo detrás de un balón.

Hablaré del futbol, porque últimamente está ocurriendo algo con la forma de jugar, con la táctica de juego, con los sistemas empleados por los equipos. He visto tres partidos en las últimas semanas, en los que han jugado: la selección española, el Barcelona y el Sevilla, sorprendiéndome la ineficacia del juego de los tres conjuntos. Un juego de excesivos toques, mucho juego en horizontal, casi nulo juego en vertical, nada de peligro, casi todos los jugadores mantienen su posición con rigidez y poco movimiento, nadie inventa nada, nadie esprinta entre líneas o por los huecos y escasos disparos a la puerta contraria. El resultado es que hay muy pocos goles, que los partidos son demasiados aburridos y que así no se ganan los partidos.

No se quien ha inventado esta forma de jugar al futbol, está claro que el jugador lo ha adoptado con prontitud pues le da un gran respiro, corre el balón, no ellos, pero falta el arma ofensiva que además la tratan de solucionar con un hombre en punta, al que no le llegan los balones porque le rodean constantemente tres defensores. A pesar de esta situación de desventaja del delantero, se empeña su equipo en jugar por bandas y lanzarle balones desde las mismas, y así no las huele, peligro cero.

Los jugadores encantados, salen a trabajar, corren menos, cobran lo mismo porque creo que la crisis tampoco ha afectado a este deporte, siguen cobrando sueldos indecentes para los tiempos que corren, y siguen los comentaristas justificando que no lleguen a un balón si antes se hicieron un largo del campo corriendo. ¿Qué preparación física tienen los jugadores, que tras una carrera le flaquean las piernas? Aquí está fallando algo, bien la forma de entrenar, las exigencias, la entrega, el tiempo de trabajo, las condiciones del mismo, la falta de responsabilidad, algo no va bien.

Esta clase élite de jóvenes millonarios necesita un centramiento especial y cuidadoso, porque de lo contrario dan una de cal y una de arena, no hay continuidad o progresión en los resultados, y como toda empresa, en esta aún más, se requieren resultados en consonancia a la inversión y los gastos, nada despreciables en este sector deportivo; tal vez el deporte, o uno de los mejores pagados del mundo.

Si esto va a ser así, es preferible que jueguen al futbol con salarios de trabajadores de cualquier otra empresa, que por otro lado nunca he entendido porque esto no ha sido así, 1.500 ó 2.000 euros al mes, con un contrato de trabajo, por un tiempo determinado, con posibilidad de despido tal como sucede con un trabajador cuyo rendimiento no agrada al empresario, etc., no entiendo porque han de ser trabajadores especiales. Tampoco vale el tópico de que el jugador o el deportista tiene una vida muy corta, pues ya sabe lo que tiene que hacer, prepararse para el día de mañana, estudiar para ejercer una profesión cuando cuelgue las botas, o sencillamente, como el resto de los mortales, buscar un nuevo trabajo en el mercado laboral.

Por qué se han de retirar millonarios los jugadores de futbol a los treinta y tantos años, cuando el resto de la población tiene que estar sujetos a las obligaciones laborales hasta la ancianidad, y como sigan los anormales pidiéndolos, hasta morir con las botas puestas.

CONTRA EL PODER - 29/10/2013

No es igual que lo que han dado en llamar escrache, lo hagan unos u otros, si lo hacen los ciudadanos de a pie, son acciones delictivas, pero si lo hacen los concejales y alcaldes del PP a la presidenta de la Junta de Andalucía es una protesta sin intimidación, aunque le golpearan el coche y le dijeran todo lo que quisieron.

Una vez más hemos asistido al parcialismo de un Gobierno totalitario, que demuestra que tener la mayoría es prueba del despotismo del que se puede exhibir. Las mayorías en manos de hombres injustos es un arma peligrosa para el resto de los mortales, el control de las fuerzas de seguridad en manos de personas desequilibradas, bravuconas y prepotentes es como darle una bomba a un niño para que juegue con ella.

En esta sociedad se están haciendo las cosas a la ligera, sin reflexionar en las consecuencias, poniendo el poder en manos de gente de las que nada sabemos, a quienes no conocemos, que se fotografían sonrientes para una campaña electoral, fotografías que nos colocan por todos los barrios y calles, siendo esa la única familiaridad o conocimiento que vamos a tener del personaje para votarles. Todos hacen campañas llenas de frases que vienen a decir que van a hacer todo por los ciudadanos, pero lo cierto es que ya han pasado muchos Gobiernos por la Moncloa, y las leyes siguen siendo antiguas, les siguen beneficiando a ellos, las diferencias se mantienen, los ricos llegan a ser ellos, y los palos siempre se los llevan los ciudadanos.

No podemos mantener una clase minoritaria de dictadores, porque ellos dictan para que la población obedezca, al menos es lo que pretenden, y hasta ahora no les va mal, ni siquiera la crisis les ha alcanzado, creo que siguen cobrando 80.000 , 120.000 , muchos de ello s. Son el otro bando inevitablemente porque en ningún momento han decidido vivir la situación que nos ha tocado a nosotros, no han llegado dando ejemplo de nada, la austeridad la han proclamado pero para nosotros, toda la estrechez ha sido para nosotros. Somos los ciudadanos los que hemos perdido nuestros trabajos, los que hemos perdido cuantía en los salarios, pagas extras, y los que recibimos peores servicios públicos. Ellos parece que solo tienen motivos para estar tan sonrientes cuando les enfocan las cámaras, no se de que sonríen tanto con la que está cayendo, ni siquiera en eso son solidarios o coherentes.

Tenemos que reventar el sistema, no nos queda otra, hay que luchar sin violencia pero insistentemente hasta derrocarlos, no podemos hacer otra cosa si pretendemos defender lo poco que nos han dejado. Lo hacemos o nos hundimos hasta el fondo, que cuando estemos allí, ellos ya se habrán ido millonarios, mientras que nosotros estaremos metidos en fango o mierda hasta el cuello. No queremos que nos Gobiernen ineptos, corruptos y personas que ignoran a los ciudadanos, hay que echarles cuanto antes, debemos de unirnos, debemos de protestar insistentemente, nada de violencia, el ejemplo lo dio Gandhi; una lucha sin cuartel pacifica, multitudinaria, que no ceje, unida a una desobediencia civil en los mismos términos, que ya debería estar realizándose.

No queremos por más tiempo soportar esta farsa llamada democracia, no queremos seguir pagando a lideres que se benefician a si mismo y a sus partidos, no aceptamos ni un minuto más a personas que no trabajan por el bienestar de los ciudadanos. No queremos a personas que se venden a los poderes monetarios. Estamos hartos de chupaculos y de mensajes vacios, llenos de mentiras, incoherentes, que no nos amparan sino que dan órdenes para que nos disuelvan, quitándonos el derecho a expresarnos. ¡Bandidos fuera, ya!

ERROR HUMANO - 03/11/2013

Este es el trabajo de la hormiguita, grano a grano, tratando de alcanzar el hormiguero; del mismo modo escribo, escrito a escrito, tratando de alcanzar a algún lector, haciendo una reflexión personal e intentando de ayudar a concienciar, al menos a una persona cada vez, con este ridículo objetivo ya sería suficiente. Para qué fijarse grandes metas, por qué voy a confiar en que a alguien le pueda interesar lo que escribo, así que siempre lo hago, en primer lugar porque me gusta y si de paso aporta algo que pueda servir a alguien mejor que mejor.

Está claro que las sociedades del mundo no van bien, hay un orden establecido que se aparta del natural, que se ha forzado por las normas o leyes de los Gobiernos mundiales, que han contrariado las propias leyes de la naturaleza y el hombre como ser vivo se debe a ella, está integrado en ella. Por lo tanto el hombre vive de un modo artificial, fuera de contexto, violentado y violentando su entorno; lo que ocasiona un desorden destructivo que no solo afecta al medioambiente, como estamos viendo con los continuos desastres naturales, sino que también le afecta a la humanidad, que muestra un comportamiento un tanto paranoico, pudiendo mostrar signos de locura individual y, colectiva otras veces.

Convendrán conmigo que irrumpir en lugares públicos con armas y asesinar a decenas de personas es un acto de locura y maldad, que supera cualquier estado de normalidad de una persona. Así mismo, irrumpir donde más público se agolpa con el cuerpo envuelto en explosivos y suicidarse, provocando una matanza multitudinaria buscando la venganza de no se que religión, que te va a procurar el cielo en calidad de mártir de no se que cruzada; convendrán en que es otra muestra del desequilibrio mental y del error de las convicciones de ciertas partes de la sociedad mundial.

Por otro lado sigue sin resolverse el tema del hambre en el mundo, debido a intereses económicos. La muerte de miles, millones de personas, parece no interesar al mundo moderno y desarrollado, que se divierte cada día, tirando dinero en centros de ocio y restauración, pasando horas distraídos frente al televisor, mientras que por una carencia básica y primordial, como es comer, se mueren en cada minuto miles o millones de personas, ¿para dónde está mirando el resto de la población del mundo?

El mundo está girando, debido a la presión de los grandes poderes económicos, hacia los comienzos de la era industrial. Han empeorado tanto las condiciones de trabajo, que más bien se parecen a las de hace 40 ó 50 años. Están dejando el panorama laboral para que tengamos que comenzar de nuevo a pelear por nuestros derechos, con el hándicap de haber dejado la puerta abierta a los despidos baratos y tener enfrente un elevado número de personas en paro. Para despreocuparse de la posible protesta del trabajador, el empresario tiene trabajadores de sobra. Han creado la situación favorable a sus pretensiones: despido barato, salarios baratos, mano de obra de sobra, lo que equivale a nula fuerza para el trabajador ante cualquier reclamación o protesta. El capital sabe lo que ha hecho en nombre de la crisis que el mismo ha creado, disfrazada de necesidad para ser más competitivo.

Solo con los tres casos sobre los que me he referido: la violencia, el hambre y las pésimas condiciones de trabajo, comprenderán que esto no va bien, lo diga quien lo diga: la asociación del rifle en EEUU y todos aquellos que lo respaldan o no tienen huevos de prohibir la libre circulación y tenencia de armas, la FAO, la ONU y toda la cantidad de ineptos, arrodillados a los poderes monetarios, que están saciando sus necesidades personales de nuestros impuestos, en un sistema blindado de privilegios, sin cumplir con sus funciones y obligaciones, engañando a la humanidad, colaborando con el horror y la muerte de seres inocentes, celebrando cientos de actos inservibles e inútiles, es un mero simbolismo que no van a ningún lado, que no da frutos, porque solo sabe mantenerse en el tiempo por no hacer nada o casi nada. Ellos lo sabrán bien, en su interior llevan su penitencia, saben que deberían hacer algo muy distinto a lo que su cobardía le impide y tampoco tienen la honorabilidad ni honestidad necesaria para dimitir informando a la humanidad de la mentira de los gobiernos y organizaciones mundiales.

Para ser honrado, honesto, integro y por tanto vivir de un modo recto, hace falta mucha valentía en este mundo lleno de personas corruptas, y lamentablemente casi todos los dirigentes de gobiernos y organizaciones, están podridos.

SUBLEVARSE O MORIR - 05/11/2013

¿A dónde quiere llegar el Gobierno?, teníamos las casitas de naipes, y aquel se está encargando de destruirlas. Igual no se cimentaban sobre una base muy solida, pero vivíamos contentos, no eran mansiones sino sencillas casas con trabajos más o menos buenos, con nuestros salarios cortitos, pero habíamos acomodado nuestras vidas a nuestros ingresos. Esto sucedía mientras los listos de la clase estaban recalificando terrenos y petándolos de viviendas.

Los bancos daban créditos a diestros y siniestros hasta que se vieron sin liquidez y con más devoluciones de las que hubieran querido. Obraron negligentemente y, posteriormente, nos responsabilizaron de todo, se escuchó la feliz idea de que habíamos vivido por encima de nuestras posibilidades y se quedaron tan panchos.

Nadie se ha cuestionado si el elevado número de políticos, asesores, cargos digitales, etc., son los adecuados para la maltrecha economía del país, que no me cabe duda la han provocado ellos, mientras nosotros nos levantamos cada día para cumplir con nuestras obligaciones. Este es el crimen que hemos cometido los ciudadanos, a los que se nos han tratado de responsabilizar de la crisis. Su burbuja inmobiliaria, su afán insaciable de dinero, la corrupción de los 40 años de "democracia" por parte de los nefastos gestores del país, eso no ha tenido nada que ver, ¿no?

Han hecho con nosotros lo que han querido como si fuéramos muñecos de trapo, nos han ninguneado, nos han faltado totalmente el respeto, nos han pisoteado y lo siguen haciendo. No nos han dejado más salida que la sublevación contra la necia imposición, contra la violencia e injusto proceder de las acciones que está dictando el Gobierno. Debemos aglutinarnos los ciudadanos para iniciar la lucha no violenta por la consecución de una sociedad de valores y de bienestar. En manos de esta gente incompetente, a los que les va muy bien, nuestras vidas y la de los que vienen detrás, se va arruinando.

¡Ciudadanos!, busquemos la forma de reunirnos y de plantear acciones no violentas, pero insistentes, para reclamar que el poder nos sea devuelto. Nosotros somos la mayoría, el poder ha de ser nuestro por muchos motivos y, el principal, es que nosotros somos, en sí, el poder; aunque hayan tratado de fiscalizarlo en nombre del dinero y de las mafias, que están obrando desde la criminalidad que pasa de que la gente muera, como están demostrando las medidas actuales que impone el Gobierno.

No creo en los políticos porque estos solo demuestran creer en el poder del dinero, en la corrupción, en hacerse millonarios rápidamente, en discutir, en insultar, en mostrar poca o ninguna educación y sensibilidad para con los ciudadanos. Para los ciudadanos las migajas, las hogazas de pan para ellos, sus amigos y sus familiares. Les importan más Estrasburgo, Alemania o la Casa Real, que los españoles, y como lo están haciendo tan mal no creemos en vosotros, además, os pedimos que se vayáis. Os lo pedimos los ciudadanos, os consideramos no aptos para la tarea de llevar este país por la senda del progreso y el bienestar. Nos estáis arruinando, ¡váyanse ya!

Ni queremos otros parecidos, ni aguantamos más este sistema manido, hay que comenzar por hacer una legislación moderna sin fisuras para los delincuentes y criminales, sin beneficios debidos al rango social, político, etc. Queremos una sociedad justa, equitativa, que nos trate a todos por igual, que si hay, haya para todos, no para unos pocos como ha venido ocurriendo.

GENTE SIN CORAZÓN - 05/11/2013

Una vez más frente a mi ordenador, en esta oportunidad de tratar de volcar algún pensamiento o sentimiento, idea, convencimiento, etc., que me aborda porque ya estaba dentro de mí o sencillamente se cobijaba temporalmente.

Una vez más disfrutando de la escritura, disfrutando de la comunicación silenciosa en un momento para reflexionar, para colaborar a darnos cuenta o para hacernos un poco más conscientes del laberinto infernal en el que han convertido a esta sociedad.

Hay gente que ha tenido poderes para hacerlo mejor, para legislar para todos, pero decidió en algún instante hacerlo para el beneficio de unos pocos, es así como se ha levantado esta sociedad de desigualdades e injusticias, que no de diferencias, pues estas engrandecen los puntos de vista con su diversidad.

Otros llegaron y se encontraron un camino marcado, una senda de corrupción y desigualdades delante suya, y por pereza o comodidad prefirieron no tocar nada, no cambiar nada, continuar el camino que les aseguraba una vida elitista, distanciada del pueblo, apartándoles a lugares donde no se perciben las necesidades ni se oyen los gritos del lamento de la ciudadanía.

Es así como algunos eligieron como medio de comunicación las pantallas de plasma, de modo que evitaban la interacción, las preguntas molestas, y sobre todo tener que dar explicaciones a lo inexplicable. Algunos han sabido esconder la cabeza mientras daban hachazos en todas direcciones, cargándose el Estado del bienestar, que disfrutaba este país.

Una calidad de personas mediocres, gobernantes de no se qué, que se han dejado arrastrar por los mandatos de otros poderes externos a estas tierras, y por supuesto a nosotros, buscando siempre la rentabilidad, los beneficios, las ganancias a costa de lo que sea, dando igual que cayeran la educación, la sanidad o las personas, lo que no se han olvidado es de proteger a los bancos y a los grandes grupos empresariales.

Ellos, esa gente inmoral, corrupta, que no conoce la ética en su proceder y está haciendo un daño impresionante a las personas trabajadoras, decentes y humildes de este país. Esa gente que es una minoría afortunadamente, mantiene sometida a la mayoría de este país, mientras nos atracan quedándose con nuestros derechos, provocando el cierre de miles de empresas, dejándonos en la calle, sin empleos, a veces sin ingresos, sin alegría y sin futuro. Nos están robando el futuro, están hipotecando el resto de nuestra existencia con la deuda pública tan bestial que han contraído, para rellenar los agujeros tan enormes que ha creado su fatal política económica, la incompetencia de los economistas del Estado, que no supieron prever, ni crear las condiciones de progreso para paliar la crisis, a la que ellos tanto han ayudado.

Me revuelvo una y otra vez para llegar al mismo punto de impotencia, no hallo el mecanismo que nos de la posibilidad a los ciudadanos, que somos el verdadero, y debiéramos ser el único poder de esta sociedad, si se quiere seguir llamando sociedad democrática, para desbancar a los Gobiernos incompetentes.

El poder es de los ciudadanos, porque somos los que contribuimos con nuestros impuestos, constituimos la sociedad y es nuestra, por tanto cualquier cosa que nace de ella, es nuestra; no de unos pocos que se han inventado la forma de sacarle jugo a lo que dentro de esta sucede. ¿Estamos tontos o qué?

FORMACIÓN Y EMPLEO - 06/11/2013

Debido a la problemática de las personas que tenemos una cierta edad, que nos encontramos en el paro y a la dificultad para encontrar un nuevo empleo; precisamente por el hándicap que representa nuestra edad, vengo observando que realizamos varios cursos de formación para el empleo pero que no por ello tenemos una mayor facilidad para encontrar trabajo.

Amparándome en lo expuesto, se me ha ocurrido que la inversión efectuada por Europa y el Gobierno para paliar este grave problema del desempleo, podría ser de mayor aprovechamiento si se pusiera en marcha una estrategia diferente y directa para que provoque la inserción de las personas al mundo laboral. Esto sería posible si se impartiera formación al mismo tiempo que se trabajara, como se viene haciendo en los llamados talleres de empleo, pero constituyendo cooperativas desde el mismo momento del comienzo de la formación. De este modo, al finalizar el taller de empleo, se llevaría rodando 1 año en la actividad laboral, y si se hubiera constituido procurando seleccionar a las personas adecuadas para el proyecto de cooperativa, seguramente después del primer año estaría medianamente afianzada en su sector profesional.

Tiene una ventaja sobre el desarrollo actual de estos proyectos, que la gente los aprovecha para estar un año ocupados y cobrando, pero que al final del taller de empleo la gente vuelve a quedar sin empleo. De la forma que expongo, al final del año, esas personas tienen una cooperativa dedicada a un oficio o profesión determinada, que ha estado trabajando durante un año mientras que sus socios cooperativistas han adquirido formación y experiencia, por lo que es más fácil que se prolongue en el tiempo, ¿no creen?

Creo que al tema de la formación para el empleo hay que darle una vueltita, tratando de buscar formulas parecidas a la que refiero en este escrito, para que al final la inserción en el mundo laboral sea más directa. De lo contrario, se gasta dinero constantemente, se consumen esfuerzos y recursos, sin que se alcance la meta objeto de la formación para el empleo, que no es otra que conseguir el empleo.

Reclamo la formación para el empleo al mismo tiempo que se trabaje, pero constituida en pequeñas cooperativas o empresas, que tengan una forma jurídica que avale lo que se esté haciendo, para que todos los integrantes se esfuercen por mantener sus puestos de trabajo, así como que se dote de personas con conocimientos o experiencias apropiadas para, con su apoyo, mantener al negocio en el mercado. Así mismo, los docentes tendrán que saber de la profesión de que se trate, del sector laboral que se esté desarrollando, de publicidad, marketing y de temas empresariales, para que ayuden a proyectar adecuadamente a la cooperativa en el mercado.

A poco que se piense surgen ideas, y creo que esto se hace a posteriori, cuando alguien termina la formación y quiere montar su empresa, pero no se desarrolla mientras se está realizando un taller de empleo. Ya que se está cobrando un salario, bien se podía estar trabajando de verdad mientras un equipo colabora en darle forma empresarial y jurídica, así como proyección para lanzar la empresa, darla a conocer y ampararla de algún modo hasta que camine sola.

No hay que perder la esperanza, hay muchas cosas que se podrían hacer, es cuestión de flexibilizar o actualizar las normas y las leyes vigentes.

A LA ACCIÓN - 10/11/2013

¿Está usted conforme con su situación social-laboral-económica?, ¿está conforme con la minoría que nos gobierna?, ¿le parece bien que los ciudadanos, que somos la mayoría, vivamos aceptando los mandatos o dictados absurdos, de la minoría gobernante? Si no está conforme, por qué no se implica, por qué no busca más gente como usted, con inquietudes, a la que no le guste rendirse ante las injusticias y los intereses de una minoría elitista, que está viviendo a nuestra costa, de nuestros impuestos. Sobre todo cuando esta minoría ignora a los ciudadanos y al bienestar de estos.

Usted puede continuar diciendo: "que nada sirve para nada o que nada que hagamos va a cambiar nada", o bien, puede poner su granito de arena luchando por lo que considera es su derecho a expresarse para poner fin al despropósito de nuestros gobernantes, que parece han perdido el norte. Usted puede decidir que con su lucha las cosas cambien o puede seguir sentado en su sofá, viendo la tele, quejándose. Eso si que no va a ningún lado ni cambia nada.

Busque a personas que quieran movilizarse, que quieran luchar por lo suyo, que tengan un poco de amor propio, a las que no les guste ser pisoteadas por los caprichos del capitalismo despiadado. Únase a personas con las que compartir estrategias y acciones para mostrarle a la minoría política que nosotros contamos, que somos mayoría y que no aceptamos la mala gestión que están realizando.

Tenemos que exigir, tenemos que luchar y la mejor forma de hacerlo es con una lucha no violenta pero incesante, aprovechando todas las posibilidades habilitadas en la actual legislación, haciendo uso de todos los recursos disponibles a nuestro alcance y utilizables. Cualquier cosa menos seguir callados como victimas de la nefasta situación creada por las fuerzas del dinero, para enriquecerse aún más, de nuestro trabajo al mismo tiempo de habernos desprovisto de todos los derechos sociales y laborales conseguidos durante años.

Un poco es algo comparado con la inactividad y el silencio, y el acumulo de pequeñas acciones puede dar como resultado algún cambio, aunque sea reducido, pero los grandes resultados se obtienen dando pequeños pasos. Lo importante es no parar, hacer algo, no conformarnos, manifestarnos de algún modo, pelear por lo que nos corresponde, por lo que ya era nuestro y de lo que nos han desprendido.

Gandhi lo hizo, luchó, no paró hasta que los británicos salieron de su país, dejó la vida en el camino pero valió la pena, liberó a la India del control británico, nada fácil cuando en la antigüedad un país se convertía en colonia de otro país. Nosotros lo vivimos en nuestras propias carnes con el Peñón de Gibraltar. Gandhi hizo lo que nosotros no hemos sido capaces de conseguir, y todo con una lucha no violenta pero imparable y constante.

Cada persona ha de tomar conciencia de lo que está sucediendo, para encontrar a los que comparten una forma de pensar parecida a la suya, y desde esa motivación dar comienzo a las acciones, todas las permitidas por la ley, para no dejar de pelear hasta que las cosas cambien. Todo menos seguir sentados o recostados en el sofá, porque esta inactividad nada nos aporta.

NECESIDAD DE CONCIENCIACIÓN - 17/11/2013

La solución de los problemas sociales que tienen que ver con el bienestar de los ciudadanos, en el momento actual, pasan por la unión de estos para tener el suficiente peso y, por tanto, el suficiente poder como para exigir y no transigir a los mandatos de terceros.

Últimamente, se están creando diferentes movimientos de ciudadanos que tratan de hacer una labor social en este sentido, pero es necesaria la concienciación de muchas personas, que comprendan de la necesidad de hacer un frente común para defender lo que nos corresponde o por dónde queremos que transcurra la historia de este país. Somos la mayoría de la que se alimenta este sistema y sobre la que se sostienen los pilares de esta sociedad; sin nosotros no hay nada.

Estamos en ese punto tan necesario como crítico, y me refiero a la concienciación de las personas, de las mismas que están sufriendo las consecuencias de las malas políticas de los que nos gobiernan, las de ahora y las de antes; porque todas han legislado para blindar un sistema que les asegura su bienestar, no el que nos corresponde a los demás ciudadanos, a todos los ciudadanos. A pesar de sufrir en sus casas las repercusiones: bajada de los sueldos, supresión de pagas extras, desempleo de varios miembros de la unidad familiar, eliminación de becas de estudios, peor atención sanitaria, retirada de ayuda a la dependencia, etc., no se movilizan, se conforman, se dicen que no pueden hacer nada y se quejan sin despegar el culo del sofá. Esto que se dicen no es cierto, claro que se puede hacer y mucho, busquen aquellos grupos que están luchando por lo que es de todos, los hay y variados, únanse a ellos y actúen, verán que lo primero que van a experimentar es satisfacción por haber empezado a exigir lo que es nuestro.

Entre todos podemos y debemos hacerlo, esto no es violencia, esto es tener un poco de amor propio para no permitir que nos sigan ninguneando, para poner fin al atraco que estamos sufriendo, para poner a los políticos en su sitio, y el sitio de muchos de ellos no es más que la cárcel. Ellos si que tienen poder para haber cambiado la situación, sin embargo se rindieron al capital porque lo que siempre han tratado es de asegurarse la inyección monetaria. Constantemente critican a la sociedad, dicen que nos hemos acostumbrados a vivir de las subvenciones, pero son ellos los que llevan toda la vida viviendo de las grandes aportaciones públicas y privadas, estas últimas tienen un precio alto para los presupuestos del Estado, porque se ven obligados a dar contratos a dedos y engordados para compensar las donaciones privadas. Ellos que dicen todo eso son los que no renuncian a sus subvenciones, del mismo modo que tampoco lo hacen los sindicatos, comprados también con las subvenciones, por eso hoy en día algunos sindicatos no luchan por los trabajadores, porque no pueden crear revueltas contra el gobierno, que es el que les está manteniendo.

Si quiere que las cosas cambien tiene que actuar, tiene que reclamar, tiene que exigir, tiene que manifestarse o ¿usted cree que todos los que nos manifestamos es que no tenemos otra cosa mejor que hacer el domingo por la mañana? Claro que si la tenemos, a todos nos gustaría estar de barbacoa con los amigos o la familia, pero debemos pelear por lo que nos corresponde o creemos es justo. Así que cuando nos manifestamos si se consiguen cambios usted también se beneficia, por tanto sea solidario/a.

Sabemos lo que hay, nuestros derechos han retrocedidos 30 ó 40 años, estamos mejor informados que nunca, también lo vivimos en nuestras carnes; como ya referí antes, la decisión es personal aunque la obligación es de todos.

SIN PAN, SIN ESPERANZA - 18/11/2013

La pena que sufren algunas personas hasta dónde puede llegar, cuán inmensa puede ser. A pesar de ello, es vivida en silencio, de forma resignada, pero el dolor en su pecho está, en su corazón se alberga y, sin embargo, el resto de los países no afectados por la miseria del hambre, de la catástrofe o de la destrucción, etc., viven egoístamente ignorando el drama social de ciertos pueblos del mundo.

Nos peleamos por cosas banales, nos enredamos en la calamidad del ser humano, en lo más ruin, en las maldades del hombre, en cientos de historias que nada tienen que ver con la naturaleza humana, con la civilización bien entendida y, por supuesto, nada que ver con el sentir y el proceder inteligente que le corresponde a la humanidad.

Ya hemos comprado algunos dulces navideños, algunos ya están proyectando sus compras y los regalos de reyes. Otros aprovechan para viajar, mientras se están muriendo de hambre o por enfermedad, en la más absoluta miseria, miles, millones de seres humanos a los que no les damos ninguna oportunidad de vivir. Pero qué nos hemos creído, qué sangre recorre nuestras venas, en qué nos hemos convertido, por qué no caben en nuestro corazón los otros.

Cómo puede estar el marketing del mundo desarrollado constantemente proyectando estrategias para vender más cosas, la mayoría ociosas o no necesarias, mientras que hay personas olvidadas por los poderes, por los dirigentes de una gran cantidad de países con capacidades y excedentes de producción, que podrían erradicar el mal, el hambre, la muerte, la enfermedad, etc., y no lo hacen. No hacen nada o casi nada, cómo pueden ir a dormir cada día sabiendo que están abandonando a su suerte a millones de personas, mientras ellos se recogen y se protegen en sus lujosas mansiones.

¿Aquí qué está pasando?, este mundo que hemos creado ¿tiene algo de verdad, de auténtico?, ¿sirve para algo bueno?, ¿nos lleva a algún sitio?, ¿tiene algún objetivo importante para la vida, para nosotros, para la humanidad? De verdad que me inquieta este tema, ya he escrito varias veces al respecto, porque cuando me permito algún placer extra, que son contados, por diversos motivos; mi conciencia me da un toque, me avisa, me recuerda cómo viven aquellos a los que se les ha negado la vida. Se me viene a la cabeza, les recuerdo, me hago participe de su dolor, de su resignación y me indigno con los que pudiendo hacer mucho no hacen nada.

Este mundo está para parar este tiovivo, desenganchar caballitos y comenzar de nuevo o, al menos, que dejen una salida para los que no queremos seguir encarcelado en este sistema surrealista; porque yo gritaría: "paren el tren, que yo me bajo". No me interesa lo más mínimo la mierda, la basura, el desecho en el que han convertido, como ellos dicen: "las reglas del juego". No es más que un bodrio político-económico de connivencia entre asaltantes de camino, ladrones, cobardes, prepotentes, soberbios y muchos de ellos, mal nacidos.

El tiempo de esta existencia es limitado, y muchos aún no se han enterado, creen que viven acumulando, para morirse sin nada, y esto es lo que necesitan comprender; que van a morir y, es en ese momento, cuando se darán cuenta de que realmente no tienen nada. Habrán perdido el tiempo, su tiempo, dándole cancha a otros mal nacidos que trataban, igualmente de atesorar, haciendo el mal, mientras se mueren. Se siguen muriendo mientras yo escribo, en este momento, igualmente mientras usted lee, pero los que podrían hacer algo, no le ponen freno a la especulación del capitalismo salvaje e insensible, haciéndole mucho daño a la humanidad.

El paro jamás se terminará, el pleno empleo nunca dejarán que sea posible, pues desde ese instante el empresario se queda sin fuerza para imponer las condiciones de trabajo. ¿Esto se entiende verdad?, si se mantiene un buen número de parados, se pelearán por la obtención de las vacantes que se ofrezcan, accediendo a ellas en las condiciones impuestas por el empresario, que siempre serán las mínimas que a él les parezcan. Sin embargo, si hubiera trabajo para todos, sería el trabajador el que podría exigir que se pactarán las condiciones en otros términos, pues amenazaría con cambiar de trabajo, o bien el empresario comprendería que le resultaría difícil conseguir otro trabajador pues no habría parados para contratar.

Dicho de otra manera, los parados representan una bolsa de empleo para cuando quiera el empresario captar personal a bajo coste. Por este motivo, jamás se pondrá fin a esto, nunca se solucionará el paro, no interesa, es un recurso para el empresario y las altas clases sociales, de un modo u otro son empresarios, y precisamente esta clase social alta o de elite se vincula con el capital, con la fuerza de la moneda, que todo lo somete o al menos lo trata. Así que siempre se juega a mantener un número de parados elevado con respecto a la cantidad de puestos de trabajo, convirtiendo al paro en un elemento estructural de esta sociedad, que permita la ventaja expuesta a favor de la fuerza del dinero.

Los movimientos de la política siempre van a ser una apariencia de queremos pero no lo hacemos, por lo que no buscan proyectar un plan de desarrollo e industrialización, sino todo lo contrario. Cuando entramos en Europa tuvimos que desmantelar parte de nuestros recursos agrícolas, pesqueros e industriales, porque se tenía que procurar ese nivel de pobreza y desempleo para poder tirar de mano de obra barata, como ha sucedido con la crisis actual en lo que se ha llamado: ser más competitivo; cuando lo que nos han hecho es más pobres, más vulnerables.

La mentira de la crisis está siendo brutal e inmoral, no he visto una manera de empobrecer más bestial, pero claro, que los que hemos empobrecido somos los ciudadanos de a pie, las clases altas han sabido aprovecharse de las circunstancias y se han hecho más ricos; los políticos ni se enteran de la crisis con sus grandes sueldos. Ellos han colaborado a que haya crisis, pero quienes la pagamos somos nosotros, esto es un escándalo, un atentado contra la población del que van a salir indemne como salen de casi todas las atrocidades que le hacen al bienestar público y a los ciudadanos. La ley les ampara, ya tienen los recursos legales que lo hacen, para eso están hechos a medida.

No necesitamos a dirigentes que ignoran a los ciudadanos, que solo piensan en contentar a la gente que representa al capital y en ganar las próximas elecciones. No necesitamos gente que incumplen sus promesas electorales, no necesitamos a gente que no dan ejemplo de nada, que no tienen ética ni moral, que solo saben discutir en el circo del tú más. No necesitamos a gente que solo sabe mentir a la población con tal de seguir conservando el asiento en el congreso de los diputados.

El pueblo necesita gente que no esté contaminada por la corrupción y el privilegio, gente apartada de las amañadas reglas del juego, a las que tanto nombran los impresentables que nos gobiernan, los de la oposición y todos aquellos echados a perder, cuyos sueños están en los paraísos fiscales y en las tropelías que traman. El pueblo necesita gente nueva como gestores, que no olviden que están a nuestro cargo y no al contrario, que no se vuelvan a convertir en nuestros dictadores como les sucede a los actuales, sino que respeten y mucho que el poder es el pueblo, los ciudadanos, no ellos.

DESASTRE DE GOBIERNO - 21/11/2013

Los acontecimientos que están sucediendo con este Gobierno son poco menos que escandalosos, no solo por la cantidad de ministros involucrados en casos de corrupción, sino por la sordera que muestra ante las proposiciones hechas por los ciudadanos, en forma de ILP (Iniciativa Legislativa Popular), ya saben, las propuestas realizadas por la población acompañadas de miles de firmas, según indica la ley.

Llegan las ILPs y las tumban del tirón, los ciudadanos no somos nada, no representamos nada para este Gobierno impresentable e ilegitimo, que tenía que haber dimitido en bloque en el justo momento que no tuvo agallas para seguir con su compromiso electoral. Ahora, que no hagan el papel de salvadores del bienestar, porque son los únicos que se lo han cargado, son los que han dictado todos los decretos que nos han arruinado la vida, son los que siguen llevándoselo calentito, los que han connivido con el poder monetario en detrimento de la ciudadanía y de los servicios públicos. A ellos les debemos la ruina de España, la chatarra que están dejando, porque ellos se marcharán y dejarán tras de sí una oscuridad casi interminable de tétricos recovecos pactados con empresas privadas y grupos de poder, que les ha valido para mantenerse arriba a pesar de haber mentido a la población todo el tiempo de su mandato.

Los ciudadanos nos manifestamos a través de una ILP para que los políticos dejaran de tener los privilegios, que ellos mismos se proporcionan con una legislación a medida y no nos escuchan, se niegan a debatir al respecto. Algo similar sucedió con la ILP para que se obligara a los bancos a conceder la dación en pago, para aquellas familias que no pudieran hacerse cargo del pago de sus hipotecas, por encontrarse en situación de paro y no tener ingresos para hacerle frente. En un principio se negaron a debatirla y por la presión de los ciudadanos, lo hicieron, pero de obligar a los bancos para que concedieran la dación, nada de nada. Cómo van a obligar a los bancos, el salva conducto monetario de sus campañas, los que les condonan las deudas, siendo este acto un hecho único y diferenciador dentro del conjunto de la sociedad, digan si no a quiénes les condonan sus deudas los bancos.

Cada día estoy más hastiado de los políticos y cada día se ganan más opositores, si no oigan lo último: quieren hacer una ley contra la manifestación y libertad de expresión, quieren matizar los términos en que podremos hacerlo, quieren regular lo que podremos hacer o decir al más claro estilo dictatorial y represivo. Esto no se puede interpretar o llamar de otra manera, quieren anular la única arma que los ciudadanos podemos esgrimir legalmente: la manifestación y la protesta, contra lo que viene siendo un crimen contra los derechos y el bienestar de los ciudadanos. Ellos son los que viven por encima de nuestras posibilidades, ellos son los únicos que nos están atracando en todos los sentidos, y ahora quieren que nos lo traguemos en silencio, sin alborotar, sin hacerles presión.

No estamos de acuerdo con sus dictados, no aguantamos que escorias como ustedes nos sigan gobernando, porque ustedes no gobiernan, ustedes no saben hacer política, ustedes no debaten nada, ustedes hacen uso de su mayoría absoluta e ilegitima para aplastar al pueblo. A ver si se enteran de que no les queremos, que ustedes no nos hacen ningún bien, y que les exigimos nos devuelvan los dineros sustraídos y llevados a paraísos fiscales, así como el nivel de bienestar anterior a su ruinoso mandato.

Sí, soy un ciudadano indignado porque veo su incapacidad para que se mantengan ahí, cobrando a costa de nosotros los ciudadanos, arruinando los servicios públicos de este país, vendiéndolos a precios de saldo a sus amiguetes para que en el futuro os acojan en los concejos de administración de dichas empresas, como cosa pactada, como hemos podido comprobar con las empresas de la energía y las comunicaciones, vendidas por anteriores gobiernos. Estáis muy vistos, no nos interesáis, ¡VÁYANSE YA!

EN FASE DE DETONACIÓN - 22/11/2013

Esta mañana pensaba en la posibilidad de salirse del sistema, me preguntaba si se podría presentar un escrito de renuncia en la Delegación de Gobernación o de Presidencia, quizás tal vez en la de Hacienda, y que me borren ya que este Gobierno no escucha a los ciudadanos, y no solo no escucha sino que va a tratar de crearnos la minusvalía de la libertad de expresión. El Gobierno quiere romper búcaros a martillazos pero que no hagan ruido cuando se rompen. Algo parecido pretende el Gobierno con los ciudadanos, que no rechistemos aunque nos estén llevando a la ruina y haciendo tragar las piedras de molino, esas tan nombradas que no hay quien se las trague.

La dictadura que comienzo a sentir, la que nos trata de someter a estas alturas, en estos años que ya disfrutábamos de tanta libertad, me hace desear no pertenecer a este túnel del horror y de la miseria, que han ayudado con sus políticas a que prolifere, se instale, nos hunda y para que salgan hablando de brotes verdes, luz al final del túnel o de la eficacia de las medidas de austeridad, recorte, etc., que yo les llamo: desmantelamiento del sistema del bienestar, que se había conseguido con mucho sudor, sangre y lagrimas. Muchas personas se han chupado muchos años de cárcel, han peleado mucho, se han llevado muchos golpes para que lleguen unos hijos de papa, por no decir lo que pienso, a congraciarse con los dictados de los poderes que le untan, facilitándoles sus negocios y preparándoles el campo para que aprovechen esta situación de desastre para la población, mientras ellos se hacen más ricos.

Tengo 54 años y no he visto un despropósito más orquestado que este, al que nos han sometido por la fuerza, si o si, han derrumbado el sistema de bienestar, han modificado las leyes a golpes de decretazos, han ayudado al desempleo masivo facilitándole al empresario sus intenciones de poner en la calle a quienes deseen a bajo coste. Han perjudicado a los trabajadores al pagarles ridículos salarios, han pretendido meternos el miedo en el cuerpo y sin embargo lo que sentimos es ganas de hacer atrocidades, o sea que esto no va bien y además es un peligro que las personas estemos como armas cargadas. Aún así, el imbécil e ilegal presidente que han elegido, los que lo hayan hecho, además de haber engañado a todos los ciudadanos españoles, piensa seguir en sus treces, quiere seguir restringiendo los derechos a las personas de bien mientras sigue indultando a los delincuentes conocidos, amiguetes o de algún modo afín a su partido.

Justifican que trabajadores que cobran 1000 euros como los señores de las lavanderías de los hospitales de Madrid, se les bajen los sueldos a 600 euros, y además dice el impresentable Presidente de la Comunidad de Madrid, que eso no justifica de ninguna manera una huelga. Este pedazo de animal porque no se lo aplica a si mismo y se pone un sueldo de 600 euros, a ver si puede vivir. Hacerlo peor es imposible, se retratan allí a donde van, esconden la cabeza porque no saben ya que decirle a los medios de comunicación, se les ha acabado el repertorio de mentiras de tanto usarlo.

Yo, como ciudadano que no he estado imputado en ninguna causa en mis 54 años, a diferencia de casi todos ellos que lo han estado, lo están o lo estarán, si sus amigos los jueces no lo impiden, que lo impedirán, como vienen haciendo, exijo que los ciudadanos cesemos a nuestros gestores, a estos trabajadores que se llevan nuestro dinero, porque no nos dan el rendimiento esperado, un ERE político y a la puta calle, que es donde deberían estar desde el siguiente día al que ocuparon el cargo y no tuvieron valentía de seguir su programa electoral, en lugar de eso, nos vendieron a los poderes monetarios para que nos humillaran.

CARGA POLICIAL - 23/11/2013

Hay algo tan indignante como la desatención de las peticiones ciudadanas por parte de los que nos gobiernan, me refiero a las cargas policiales, muchas veces desmedidas, contra ciudadanos que reclaman su espacio vital frente al abuso político. Con frecuencia, en las imágenes publicadas o emitidas en los medios de comunicación, la policía está cargando como si tuviera enfrente a salvajes, cuando solo tienen a personas que no portan ningún tipo de objetos, que se manifiestan porque las condiciones creadas por el actual Gobierno son para que estuviéramos las veinticuatro horas del día protestando en la calle.

La policía se está excediendo y mucho en el desarrollo de sus funciones, ya he podido ver en infinidad de grabaciones como personas que están quietas, tranquilas, son abordadas por algún policía salido de tono y agresividad, siendo agredidas porque eso es agresión, es no permitirte tu derecho a manifestarte. En otras ocasiones vemos como personas que pasan por delante de un policía son golpeadas, también se repiten los ataques contra personas sentadas, que no hacen otra cosa e igualmente les muelen a porrazos.

Esta forma de actuar se está pareciendo a otros tiempos y, desde luego va en consonancia con el tono dictatorial de la política esgrimida por el Gobierno actual. ¿Qué pretenden conseguir con el grado de represión, tanto la policía, como el Gobierno?, ¿quieren que surjan grupos armados, quieren atentados, los echan de menos o qué?, de verdad que no comprendo lo que persiguen, pero sea lo que sea, estas no son las formas.

A la población no se le puede putear de la forma que lo hace el Gobierno, y además que pretenda que ni siquiera le hagan manifestaciones, lo que deberían de tener es más vergüenza para escuchar las peticiones que se les hacen, así como haber tenido más coraje para haber protegido los derechos de los ciudadanos de este país. Pero prefirieron venderse a los que les hablan de untarles, haciendo el juego que le han marcado para el beneficio de esos que están sacando tajada de la situación precaria actual. Ahora no se respetan las reglas del juego que teníamos en España, ahora no les han importado saltarse y pisotear todas las líneas rojas o hacer el esperpéntico ridículo, que han hecho, desmintiéndose y desdiciéndose cuarenta veces.

La policía está para proteger a los ciudadanos de los delincuentes y preservar el orden público, pero si una manifestación es legal y no hay individuos rompiendo mobiliario ni agrediendo, por qué cargan contra ciudadanos normales que ejercen su derecho de manifestarse. Las imágenes no mienten y se ve lo que se ve, no otra cosa que queramos interpretar, y estoy harto de ver a personas que protestan desde un lugar, parados, y se calienta la policía lanzándose contra los manifestantes y golpeando con saña, pues se ve como el policía que no obtiene ningún tipo de respuesta del golpeado, le golpea en repetidas ocasiones.

A esto no hay derecho, esto tiene que llegar a su fin, no podemos consentir que se nos siga tratando como lo hace el Gobierno y las fuerzas de seguridad del Estado, piénsenlo profundamente y verán que solo dejan la salida de la violencia. Si te reprimen y no te dejan otra salida, llegará un día en que solo nos quedará hacer frente para defendernos de la dictadura y la opresión. Desde ese mismo momento, aparecerán los frentes guerrilleros y nos habremos convertido en un país de esos que llevan años matándose. Esto no arregla nada, lo empeora todo y solo salen ganando los fabricantes de armamentos.

Policía y Gobierno, por favor, recapaciten un poco, que estáis llevando esto un poco lejos.

INDEPENDENCIA JUDICIAL - 24/11/2013

¿Por qué no hay oposiciones para jueces y fiscales cuando se necesiten para el Tribunal Supremo de justicia?, para que ocupen los puestos aquellas personas con más méritos, las que estén mejor formadas y que por lo tanto puntúen más en las correspondientes oposiciones. De esta forma los jueces serán personas normales cada cual de un lugar del país, independientes totalmente del Gobierno y de la oposición. Ya estamos hartos de que la justicia esté maniatada, amordazada y conducida.

De ningún modo, debe haber puestos que tengan que impartir justicia dados a dedo, porque esto condiciona, se deben a aquellos que tienen la potestad de mantenerles en el puesto, que son los mismos que tuvieron la potestad de ponerles en él.

¿Hasta cuando vamos a estar tolerando este juego sucio, parcial y condicionante de la política hacia el poder judicial?, cuanto más me adentro en los datos que conozco, que son pocos, más me asquea lo que han fabricado todos aquellos que han pasado por los diferentes Gobiernos. Ellos han empleado sus cabezas para idear el sistema corrupto y ventajista, que les proteja a ellos, que les de beneficios a ellos, que les facilite escapes de la justicia, de la fiscalidad, etc. Ellos lo han establecido todo de forma que el peso de la ley recaiga sobre los ciudadanos, los palos se los den a los ciudadanos, las prohibiciones sean para los ciudadanos, la pobreza o miseria, también sea para los ciudadanos y los privilegios sean para ellos.

Hablo de todos, porque todos han contribuido a que lo establecido no se mueva sino que permanezca, ninguno tuvo la valentía y honestidad de romper las reglas del juego hechas a medida por los anteriores.

Ninguno pensó lo suficiente en los ciudadanos como para hacer del bienestar de estos su principal motivo por el que trabajar. Esto es una farsa, una mentira, una falacia, le podemos llamar de diferentes formas pero siempre estaremos hablando de la misma cosa: de la basura, de la trama urdida por los gobernantes que tiene y ha tenido este país. Ninguno se revolvió contra la gran mentira del sistema de gobernación español, contra la falta de transparencia y contra todas aquellas cosas que están amañadas y condicionadas. Nadie le ha hablado con claridad y sinceridad al pueblo, nadie se ha sorprendido de la mierda interna del sistema, nadie se atreve a desenmascarar la corrupción del sistema creado por sus antecesores y que, por tanto, el que llega y no lo pone de manifiesto, asiente, se hace cómplice de él, del montaje perverso del conjunto de normas, costumbres y leyes que rigen este país.

No puede existir una constitución como ordenamiento supremo nacional, pero que ciertas variantes amañadas de leyes menores se salten lo dictado por la constitución. Todos somos iguales ante la ley pero con matices dependiendo de quién seas, qué tengas, etc., y si no, se condiciona el sistema judicial para que sea lo que mejor convenga al de turno o aparece la figura del político aforado, la figura inviolable del rey, más los favores de ciertos jueces y fiscales para completar la faena; que por supuesto se queda en nada, ni se imputa al personaje, es inocente, ni tiene dineros en paraísos fiscales, ni existe contabilidad B, aquí nadie ha engañado a nadie, nadie se ha llevado nada, nadie ha dado trato de favor a nadie, nadie ha adjudicado nada como pago de ninguna donación a partido alguno, nadie ha hecho una amnistía para que regularicen sus delitos ciertos individuos, todo es producto de nuestras mentes, como dice el mentalista Anthony Blake.

Vivimos en el país donde nunca les pasa nada a los delincuentes, sino a los inocentes que reclaman justicia y bienestar para el conjunto de los ciudadanos.

UNA MÁQUINA DEL TIEMPO LLAMADA PP - 30/11/2013

Alguien tiene el propósito de que solo seamos números en la sociedad. Números para dar un resultado en sus diversas estadísticas. Números que pagan impuestos y a los que se está aplicando, con total ferocidad, aquella regla empresarial antigua: Por el menor dinero que le de, ha de hacer el máximo trabajo posible. Esto está sucediendo de distintas maneras, ahora el juego es tener contenida a la ciudadanía dándole los menores o peores servicios, aquellos que mantenga a la población a punto de explotar, pero que no lo haga.

En estos momentos se están dando las peores condiciones en todos los apartados que afectan a los ciudadanos, y los brotes no son verdes sino de rabia. La gente no deja de manifestarse con razones sobradas. Hay peligro de una revolución, de ahí la contundencia con la que ordenan a la policía que actúe y, la descabellada legislación de represión, al más claro estilo dictatorial.

Este Gobierno tiene la facultad de funcionar como una máquina del tiempo, ya que con su mal hacer nos ha transportado a otro tiempo de pobreza y represión, solo nos falta que nos de el mensaje aquel tan famoso: "Españoles todos, estamos reunidos aquí en la Plaza de Oriente,......, ¡Arriba España, viva España!". Los resultados de las políticas del Gobierno actual al que no culpo en solitario, pues considero que la lamentable y abusiva situación actual; es la consecuencia de la labor fatal de los diferentes Gobiernos que ha tenido la nación.

Las políticas actuales están representando una vuelta a tiempos pasados en cuanto a derechos adquiridos. Los cuales han sido aniquilados en tan solo dos años de Gobierno del PP. Hemos pasado de un bienestar bastante aceptable y más o menos correspondiente a una sociedad productiva, al desastre diario de los cierres interminables de empresas, a los despidos masivos a bajo coste para los empresarios. Igualmente, sufrimos las denigrantes declaraciones de señores, bien acomodados, como el impresentable presidente de la CEOE. También padecemos el ninguneo que proviene de ciertos individuos de organizaciones europeas, que no se quién les habrá dado velas en este entierro, nunca mejor dicho; el caso es que todos se sienten con potestad de dictarle al inútil Gobierno actual, lo que debe de hacer y lo que no.

Cualquiera de estas formas de actuar indirectas o por boca de terceros, nos están repercutiendo, nos están empobreciendo, nos están dejando sin empleo y, siguen funcionando como interesa a los que están enriqueciéndose de esta situación. Todo sucede sin que los torpes lameculos que nos gobiernan hagan nada, porque habrá que ver de qué forma les están untando, de otro modo no se entiende. Por otro lado, no es nada que nos coja de sorpresa si echamos un vistazo al grado de corrupción que ha venido acompañado de esta crisis; parece que en España han dicho: "Esto está fatal, cojamos cuanto podamos, pongámoslo a salvo en paraísos fiscales y como dijo Montoro, si España se hunde, que se hunda".

El despropósito no puede ser peor porque peor sería imposible. Le han dado la vuelta a España, la han puesto boca abajo, y no dejan de caer los dineros; a todos se nos han salido de los bolsillos y no sabemos a donde han ido a parar. Las noticias dicen que mucho del dinero saqueado y no empleado en aquello para lo que fue concedido, fue a parar a facturas falsas de los sindicatos, a mariscadas, a fiestas, a cuentas en Suiza, al colchón del Sr. Lanzas, a la cocaína de algunos cargos de la Junta de Andalucía, a los Eres fraudulentos, a la financiación ilegal del PP y a miles de subvenciones a amiguetes. Otra parte se la llevo Bárcenas, según dicen sus compañeros de partido. Esto es la historia interminable, la vergüenza más grande jamás cometida y conocida, es ahora cuando estamos viendo y comprendiendo en manos de quiénes estamos, aquellos que están gobernando en diferido, a través del plasma, que no dan la cara, que indultan a los corruptos, delincuentes y maleantes. En definitiva, estamos en manos de un Gobierno ilegal, que presentando un programa, dando esperanzas, aprovechó el resultado de las urnas para dar un golpe de Estado implantando otra política diferente a la prometida, de intereses ajenos a España y a los españoles; no hay más que ver los resultados obtenidos y, esto no se olvida.

LEY DE SEGURIDAD POLÍTICA - 01/12/2013

Hemos llegado a un punto donde habría que decir: "prohibido prohibir". Me pregunto por qué hemos de estar, de algún modo, estabulados por las leyes hechas a medida por los políticos, si estos no demuestran afinidad alguna con los ciudadanos. Creo que deberíamos ser lo suficientemente responsables como para que no nos tengan que encorsetar como lo están haciendo, claro está, que es diferente la visión de ser responsable que cada uno de nosotros tiene. Ante esto, lo fácil para el Gobierno en los tiempos que corren, es sacar una ley de seguridad ciudadana para recortar nuestra libertad de expresión. La Ley no es más que una represión en toda regla.

Para mí, está claro que esta ley recoge apartados que ya estaban previsto en otras leyes, pero que había que incluir para completar lo que de verdad, este Gobierno, quería legislar: la privación de libertad de expresión, manifestación, y concretando: de cualquier forma de actuación de los ciudadanos. El ingobierno interpreta que nuestra libertad pone en peligro o desluce la imagen de los representantes de las instituciones de España. Dado que el propósito pretendido por el ingobierno es el recorte de nuestras libertades frente a ellos, habría que haberle llamado: Ley de seguridad de los políticos.

Hemos vuelto atrás en el terreno económico, condiciones de trabajo, etc., e igualmente hemos retrocedido en libertad y castigo, esto se va pareciendo a los tiempos del caudillo y ya solo falta, sin querer dar ideas que los que nos gobiernan las conocen, que fueran a las casas de la gente a sacarlas de ellas y que empiecen a desaparecer. Parece que esto va en ese camino, de verdad que esto horroriza.

El saqueo no se legisla con la misma contundencia, la corrupción se indulta, el fraude fiscal se premia con amnistías, la prevaricación y el cohecho cometido por los políticos, o prescriben o los jueces no lo condenan o, el fiscal del Estado dice no ver motivo alguno para que se condene. Qué nos dice todo esto que está ocurriendo cada día en España, que la justicia no es igual para todos, que se está haciendo un daño bestial a la democracia y con ello al conjunto de los ciudadanos de este país. Se nos priva del principio más esencial de una democracia: la libertad de expresión, que es poder decir lo que se quiera o hacer los gestos que se quieran para expresar aquello que se pretende, sin que se utilice la violencia, sin que se agreda a nadie, no faltaría más. Los políticos quieren dejarnos sin ningún "arma democrática" porque les recordamos constantemente lo mal que lo están haciendo, como se suele decir: peor imposible.

Es imposible pensar en esa clase de gente que reptan hacia el poder, debatiendo luchas interminables de acoso y derribo de sus opositores. Lo hacen durante años, sin importarles un huevo lo que necesitamos o decimos los ciudadanos. Somos números de votos, eso es lo único que les interesa. ¿Se ha visto alguna vez una izquierda arrodillándose a las medidas neoliberales del capitalismo salvaje?, si lo hemos visto. Y ahora hemos podido ver como llevamos dos años gobernados por un Gobierno ilegal, no votado para lo que está haciendo, ignorando totalmente su programa electoral. Sin embargo, no hay ley alguna que automáticamente saquen del Gobierno a incumplidores como los actuales. Esto no se legisla porque va contra ellos; contra los ciudadanos si se puede, contra ellos no. Tampoco se legisla la incompatibilidad de la pensión vitalicia de un expresidente del gobierno, por ejercer otro trabajo en la empresa privada. Ni que se eliminen las pagas vitalicias, ni que se le aplique la reforma laboral al colectivo político. Ni para que se deje de manipular a los jueces y fiscales, ni se le nombren a dedo por propio interés. Mucho menos se legisla para que pierdan el chorro de privilegios que ellos mismos se conceden con respecto al resto de los mortales. España se ha convertido, además de en la cueva de Alí Babá, en el despropósito de la gobernación, por lo que más bien se parece a un barco que fuera a la deriva.

DOLOR EN EL HOGAR - 13/12/2013

Estoy viendo esta tarde un programa, llamado: Entre todos, de RTVE, es un programa de solidaridad, donde presentan casos de familias necesitadas, generalmente muy dolorosos o, al menos, a mi me lo parecen porque no puedo dejar de llorar; lo que me hace pensar en qué estamos haciendo tan mal para que halla personas tan necesitadas como la de esta tarde, un matrimonio de Castellón, con dos hijos, sin ingresos, sin nada que llevarse a la boca. Esto es dolorosísimo y me sigo preguntando: ¿cómo se consiente esto, qué clase de sociedad estamos construyendo?, y menos mal que hay muchas personas solidarias que colaboran para paliar los problemas de familias como esta.

Afortunadamente, hay escaparates que muestran y hacen sentir tanto dolor, porque ver de frente la realidad en la que nos podemos encontrar cualquiera de nosotros, te hace llorar mucho, muchísimo, pero te hace tomar conciencia de lo que hay, que no son habladurías cuando se oye en los medios de comunicación que hay familias necesitadas, que hay familias viviendo en la autentica pobreza, que la situación laboral es dramática sobre todo a cierta edad, que solo pensar en una persona que no tiene un céntimo para comprar comida; es enormemente trágico.

En estos programas vemos que cada casa es un mundo y que cuando hay una puerta cerrada de un hogar, en el interior hay personas que viven situaciones de lo más dispar y en muchas ocasiones, dolorosas. Sinceramente, esto es demasiado, es increíble por lo que pasan las personas y comprender la impotencia, carencia, etc., de los demás, que se hacen mías también,...... me duele enormemente. Veo tan injusta esta sociedad, la calidad que ofrece a las personas más allá del materialismo tras el que va casi todo el mundo, esto es un desastre.

Cómo los Gobiernos, que no son los responsables directos, aunque si son colaboradores de que la sociedad no progrese hacia la consecución del bienestar, anteponiéndose los intereses superfluos que tanto motivan a muchos desconsiderados, desaprensivos salvajes que viven con el objetivo dinero, solo dinero y dinero, poder, y su lucha por figurar, por salir en la foto, por rivalizar o dejar sin negocio a otros porque les consideran sus rivales.

Volviendo al programa, lo que más llama la atención es que las personas que colaboran, la mayoría de las veces son personas sencillas, trabajadoras, que muestran una menor capacidad económica y no les importa dar un poco de lo que no les sobra, pero quieren sentirse solidarias, quieren aportar, quieren ayudar a personas que no conocen de nada. Sin embargo, cuántos millonarios habrá que pueden dar soluciones, cuantos políticos millonarios hay que dicen estar para trabajar por los ciudadanos, pero que no entran por teléfono en el programa, claro, no lo hacen porque este acto no es una inversión rentable para ellos.

El corazón es fundamental aquí, no se pueden abandonar a familias realmente necesitadas de lo más básico y fundamental como es comer, tener un trabajo para poder subsistir, y en definitiva de vivir dignamente. El debate no es hablar en un parlamento si se puede o no vivir con 600 euros, si los que lo defienden, además de saber que es imposible hacerlo, ganan decenas de miles de euros, el agravio comparativo es bestial.

RABIA CIUDADANA - 14/12/2013

Hablan de políticas emprendedoras pero no dan facilidades a los que se lanzan a las arenas del circo empresarial. Hablan de que hay que trabajar más y ganar menos, y lo dicen aquellos que arruinan empresas como el anterior presidente de la CEOE, Díaz Ferrán, sin Sr., que lo dejo para otras personas que hayan demostrado mayor honorabilidad.

Otro que iba en el mismo sentido, apuntando además que se tenían que lograr despidos económicos, como así ha sido, era el anterior gobernador del banco de España, Fernández Ordoñez, otro miserable que incumplió su cometido de vigilar y haber evitado el espantoso descalabro de bancos, cajas de ahorros y las insultantes jubilaciones anticipadas de sus directivos tras hundir las entidades en las que trabajaban.

El mundo entero debería de estar al día de los saqueos que han venido sucediendo en España, de cómo son consentidos por la justicia que se encuentra privada de independencia. La justicia se encuentra secuestrada por los partidos políticos mayoritarios. De ello resulta la impunidad existente en todos los sentidos, aspectos, ministerios, cargos, parlamentos autonómicos, etc. No hay una manzana podrida, como nos han querido hacer creer, sino una cesta de manzanas endemoniadamente podridas, llenas de gusanos que tienen nombres y apellidos, protegidos por un sistema blindado, y hecho a medida de la delincuencia y la corrupción de las altas esferas.

La impotencia con la que los ciudadanos honestos vivimos estas situaciones es de una magnitud, que comienza a rebosar el vaso y a producir una rabia contra el sistema y los manipuladores del mismo, que produce hasta en las mentes más cautas, pensamientos bastante destructores o negativos. Mentiría si no dijera que he llegado a pensar que seguramente este gobierno echa de menos las movidas terroristas, que de ninguna forma deseo que vuelvan, pero es que parece que se aburren sin la desestabilización externa, y por eso están legislando de este modo tan insultante para los ciudadanos. Están tensando tanto la cuerda que llegará el día en que se rompa, empezarán las revueltas, los atentados, y empezaremos a lamentarnos, pero lo que no tendremos duda es de quiénes son los responsables, precisamente los irresponsables que nos gobiernan.

No se puede hacer peor: cargarse la sanidad, la educación, las condiciones laborales, empobrecer a la población con una deuda pública equivalente al 100% del PIB, tener molestos y empobrecidos a casi el total de los mortales; pero no contento con ello, pretenden sacar la ley de la mordaza, llamada de seguridad ciudadana, cuando quisieron decir de protección y seguridad de los políticos. Mediante esa ley tratan que los ciudadanos no protestemos contra los desaguisados y la mafia política, atemorizándonos con multas que ninguno seremos capaces de pagar. Quieren quedarse con nuestras propiedades, no tuvieron bastante con su burbuja inmobiliaria, con la que se pusieron las botas los políticos y sus amigos. Ya tienen viviendas de sobra, que se las metan por donde les quepan. Pretenden nuestro silencio frente a sus actos delictivos, abusivos o represivos, esa es la España que quieren, la de borreguitos contribuyentes, que ya ellos se lo gastarán como mejor vean. Pretenden asegurar sus futuros con empleos como nos tienen acostumbrados en las grandes compañías, que antes fueron nacionales pero que privatizaron tras mentir a los ciudadanos, convirtiéndose en sus zonas de retirada de la política, con salarios escandalosos.

Saben lo que hacen, lo malo es que lo hacen a costa de nosotros y desmantelando nuestros bienes. Esto no se arregla en las urnas por mucho que se esfuercen en decirlo.

¡REFLEXIONA POLICÍA! - 15/12/2013

Empiezan las primeras manifestaciones en las que la policía desiste de cargar contra los manifestantes, como por ejemplo en Ucrania, donde la policía se retira ante la presión y, seguramente, las razones de la lucha de la población. Del mismo modo, la policía italiana, como hemos podido ver en estos últimos días, en lugar de cargar contra los manifestantes se quitan el casco, se lo cuelgan a la cintura y forman parte de la manifestación. Espero, sinceramente, que la policía española tome ejemplo y actúe de un modo parecido en breve, pues es intolerable el sometimiento pretendido por el injusto Gobierno que tenemos.

Las personas que gobiernan se han vuelto locas, han ignorado totalmente a las personas que le pagan su salario, se han erigido en amos del cortijo por decisión unilateral, cuando somos nosotros los que debemos tener voz y voto. Ellos son elegidos para que gestionen los bienes existentes, no para que los destruyan. Ellos son votados para que hagan valer la voz del pueblo, no para que dicten las normas de la Merkel y nos la impongan. Ello representa la destrucción de nuestra industria, la caída de nuestras empresas y que perdamos los puestos de trabajo. Ellos no son elegidos para vendan la sanidad a sus amigos ex políticos, ni para que gestionen asegurándose sus puestos de asesores en empresas robadas al patrimonio público.

Hay motivos suficientes, unidos al empeoramiento salarial y laboral, en general, como para que la policía tome conciencia de ello y no cargue contra los que piden se normalice la situación que teníamos, y que tantos años costó alcanzarla. Más bien, debería hacer un giro contra los que podríamos considerar usurpadores del poder, de un poder que se han otorgado ilegítimamente, puesto que siguen los dictados que le vienen dados por los intereses de gente ajena a nuestra situación. Nos han engañado y, ahora, pretenden a base de palos y amenazas económicas que estemos quietecitos y calladitos. Esto no se puede consentir, y todos aquellos que componen el Gobierno deberían ser exiliados, no son dignos de vivir ni un minuto más en España, porque la están destruyendo, están acabando con el bienestar, desean una revuelta, una guerra o que halla actos terroristas, porque yo no me explico que se puede esperar de la indignación, la rabia, la miseria y el odio que están generando en la población.

En las condiciones que el Gobierno quiere que vivamos, arrastrados ante el empresario, llenos de miedo, casi sin poder comer, llegando por los pelos a pagar sus gastos los que tienen trabajo, etc.; se hace insoportable y, encima, nos quieren hacer callar, nos quieren reprimir con los palos y las sanciones desorbitadas. ¿Esto dónde se ha visto?, es pura dictadura y represión contra el pueblo. De nuevo pido reflexión, conciencia y humanidad a las fuerzas de seguridad de los ciudadanos, porque ya está bien de llamarles: fuerzas de seguridad del Estado ¿Están para defender al Estado, si ellos ya se defienden con las leyes a medida que imponen?

La policía se ha de dar cuenta que además de su profesión, son personas, ciudadanos puteados como el resto y que reclamar a un Gobierno injusto, que lo está haciendo tan terriblemente mal para los intereses de los ciudadanos, que nos están llevando a la pobreza, que nos están robando continuamente como se viene demostrando, y que no están fuera ya porque tienen comprados a los jueces además de no tener vergüenza, ética ni moral alguna; se merecen la protesta continua y libre por parte de los ciudadanos y, por supuesto, la expulsión de los cargos públicos de las Instituciones, así como del territorio español.

ESTAMOS HARTOS - 18/12/2013

Un mundo mejor es posible a pesar de que los ánimos están siendo achicharrados por los acontecimientos de la actualidad. Estamos hartos de tanto despropósito, de tantas mentiras y necesitamos una regeneración del sistema, entierro del antiguo, celebración por la muerte, nacimiento del nuevo sistema y celebración del mismo.

Empezamos a estar muy cansados mentalmente, físicamente y hasta comienza a lastrarse el alma de tanto desatino y preocupación. Hay muchas teorías, todas muy preciosas, que resultan complicadas de llevar a la práctica. Hay muchos cantos de sirenas, hay muchas esperanzas celestiales, hay mucha expectativa, por parte de muchos, en los juegos de azar, y en miles de ensoñaciones de cómo escapar de esta cárcel psicológica y social.

Podemos, si queremos, hacer un mundo mejor, vivir de otra forma, pensar o proyectar cosas diferentes, establecernos en el bien, en la armonía, en el equilibrio, en el ser consciente. Es necesario e imprescindible alcanzarlo, serlo, vivirlo, desearlo para instalarse allí. No podemos seguir fomentando la desconfianza, la derrota, la rivalidad, la intolerancia, porque vamos a reventar.

Hay que hacer un buen uso de los medios, de los recursos, de la inteligencia, de las capacidades y de los cargos de poder. Hay que desear trabajar más y mejor para el beneficio colectivo, pero no en el sentido privativo y condenatorio con el que se manifiestan algunos, para conseguir la falsa competitividad de gente pobre al servicio del trabajo que le quieran ofrecer, y en las pésimas condiciones que quieran proponer; no hablo de eso, sino de tener en cuenta más a los demás cuando desarrollamos nuestro trabajo, mostrando respeto por los demás y considerando que todos tenemos igual derecho a vivir dignamente, algo que no está ocurriendo en estos tiempos.

Lo que hay y que han llamado crisis, es falso, es ficticio, es imaginado, provocado, intencionado, como punto de ruptura del bienestar que disfrutábamos, para que aquellos más desaprensivos hagan su agosto, se vuelvan un poco más rico a pesar de que ello provoque el empobrecimiento de muchos otros, al punto de que busquen los alimentos en las basuras, se envenenen o mueran. El tema es satisfacer a los que tienen la manteca, a los que untan a unos y otros para comprar sus voluntades, a los que tras el telón están gobernando, convirtiendo a los políticos que aparentan gobernar en títeres del guiñol llamado España.

Todo parece orquestado y al servicio de los negocios oscuros, de la evasión de capitales a paraísos fiscales, de la delincuencia, del no cumplimiento de las obligaciones, del salto a piola de las leyes, del tráfico de influencia de todo tipo y niveles, de los puestos digitales, de la mentira, de la violencia contra los ciudadanos y ahora por último hasta pretendiendo maniatarnos y callarnos, en un acto evidente de pasarse la constitución por el forro de los bajos fondos. ¡ESTAMOS HARTOS, MUY HARTOS, EXAGERADAMENTE HARTOS!

OPINIÓN SECUESTRADA - 22/12/2013

¿Por qué no se debe ser de un partido político?, pues porque se llega a confundir, como dicen algunos: "pertenezco a tal o cual partido, milito en tal o cual otro" y, desde ese momento la persona condena la objetividad y, su opinión particular se anula para mostrar la subjetividad acordada previamente como ideología de partido. Desde ese momento en que se adopta el contenido de la ideología como pensamiento propio, en muchas ocasiones se tendrán que reprimir las observaciones personales, porque pudieran chocar con la dirección marcada e impuesta a sus adeptos y defensores. Esta represión y cierre hacia lo que pueden aportar los demás que, tal vez, defienden otras posturas políticas; está mal visto apoyarles por el mero hecho de la ideología de partido impuesta. Desde mi punto de vista, nos ancla en el momento de la lucha de ideas y retrasa el desarrollo de la planificación social.

El hombre lucha en su deseo de llegar a ser o sentirse libre, pero militar en un partido es una forma de perder parte de esa libertad a la que se aspira, porque ya no puedes expresar libremente lo que piensas cuando se aparta de la filosofía de tu partido. Es en esos momentos que tienes que reprimir lo que de natural es tuyo y, quien sabe lo que se podría conseguir para el bienestar de todos de haber seguido tu propuesta. Esto lo digo, porque he vivido en primera persona una experiencia en las que un día le hablé a unas personas de algo que iba a hacer y les pareció muy bien el objetivo que se pretendía con aquella acción, y al día siguiente cuando debían apoyar la causa, que era la misma, se negaron a apoyarla argumentando que era iniciativa, o una acción apoyada o compartida por otra fuerza política. Desde aquel momento, ya no les parecía la causa tan loable, solo porque pensaban que había otro partido político detrás, aunque lo que se pedía para la ciudadanía seguía siendo tan beneficioso como el día anterior.

Comprenden cómo se pueden poner trabas al desarrollo de diferentes planes si las personas no son capaces de actuar desde la libertad de expresión y pensamiento. Vemos por tanto, que pertenecer a un partido político es dejar que te secuestren esa libertad de opinión y como consecuencia tu objetividad se torna en subjetividad corporativa en defensa de objetivos que a veces coincidirán con tus sentimientos. Voy a llamarlo así porque al final es lo que va a tirar para que no decaiga tu motivación para conseguir el fin, pero que en otros muchos casos es simple imposición a la que tendrás que someterte, a pesar de que a todo este juego se le de el nombre de juego democrático.

A un partido político se ingresa por una afinidad ideológica, como medio para poder hacer algo por los ciudadanos, esta es la versión más puritana del asunto, pero la realidad, al menos de las altas esferas de la política parece ser algo diferente. Es ahí donde se encuentran las filas políticas de frente con el poder, o bien las fuerzas ocultas se lo ponen a la mano para que hagan lo que aquellas fuerzas desean. Es entonces cuando se acaban las ideologías para ejecutar el plan de los bancos, de los mercados, del club Bilderberg, etc., y como los señores, aparentemente gobernantes, llevan toda su vida reprimiendo su libertad de pensamiento, expresión y acto, pues les cuesta bien poco volverlo a hacer para que imperen los dictados de los poderosos. Anularse a sí mismos es una farsa que les está rentando millones en sus cuentas nacionales o en los paraísos fiscales, pues casi todos los políticos de élite las tienen.

Este es el breve repaso de lo que para mí es esa subyugación a la ideología de terceros, dejando la libertad propia de expresión en manos de la imposición corporativa, aunque no sea para bien.

MEDICAMENTOS Y ALGO MÁS - 26/12/2013

Hace unos días leí una noticia en la que publicaban la denuncia que hacía un investigador médico, que había trabajado para la industria del medicamento, y en la que decía que cuando la industria del medicamento descubría un producto que curaba, no lo ponían a la venta; sino que buscaban una modificación del mismo que no llegara a curar convirtiendo la enfermedad en crónica. Decía que la industria del medicamento apostaba en esta dirección que le va a ser enormemente más rentable, puesto que los enfermos que consuman sus productos lo tendrán que hacer para el resto de su vida, lo que no ocurriría si tomaran el fármaco que les curara sus enfermedades.

Hasta este punto de incoherencia en cuanto a salud mental se refiere, porque funcionar así para con la humanidad es de ser enfermos o estar tarados y, de ser personas que solo ven números y dineros. La salud no les importa a los productores de medicamentos, que prefieren comercializar productos para asegurar de que la enfermedad se perpetúa hasta el final de la vida de los pacientes o consumidores. Su pretensión es conseguir una clientela fija, esto es, fidelizar a los pacientes debido a la maldad de estas multinacionales del medicamento. También podríamos estar hablando de permisividad por parte de los entes que tuvieran que investigar estos asuntos, porque de algún modo se está dando riendas sueltas al todo vale con tal de que generen ganancias.

¿A dónde está llegando el hombre con tal de no dejar comer a sus rivales? En este caso en el mercado de los medicamentos, jugando con el bienestar, la calidad de vida y la salud de las personas; es penoso, triste y ruin. Hablo de no dejar comer a sus rivales, porque esta es la regla de oro de casi todo el mercado. Cualquier industria trata, trama y establece estrategias que la posicione de una forma más favorable en el mercado. Rivaliza con sus competidores, es loable si el juego es limpio, pero hablando de temas tan sensibles como es la salud, que tan cerca se encuentra del bienestar o del dolor y el padecimiento de muchas personas, esto roza el crimen consentido.

Lo normal es estar escandalizado en nuestros días por la cantidad de noticias sobre actitudes de personas, que hieren la sensibilidad de cualquier persona sensata, honesta y de bien. Estos tiempos van a dejar a aquellos otros de picaresca medieval, que se daba debido a la pobreza, en efímeros actos de pillaje donde su autor se hacía con alguna pieza de algo que llevarse a su vacío estomago. Lo que sucedía entonces comparado con lo que ocurre ahora, son meras anécdotas divertidas.

Que alguien de arriba roba o delinque de alguna manera, es aplaudido u ocultado por los de su alrededor. Si alguien les reclama y exige corrección es golpeado, tachado de vago maleante, distorsionador del orden público y es disperso por la policía a base de porrazos. Hay cortina de humo corporativa para que no vean ciertas cosas los ciudadanos. Para evitar que salgan a la luz los actos delictivos. Nos mienten constantemente a los medios de comunicación, lo hacen también a los jueces sin ningún pudor, se mienten a si mismos, se creen sus mentiras, nadie paga de verdad el precio del delito cometido. Si no es indultado en cuanto llega a la puerta de la cárcel. Nadie devuelve lo sustraído, la ley no osa imputar a los de alto standing, estos son los intocables. Ellos si pueden seguir pasando el whisky, para el resto ley seca: porrazos van y vienen. Todo lo que hagamos o reclamemos los ciudadanos es molesto e ilegitimo, hay que castigarlo, hay que reprenderlo, somos niños malos y ellos son los buenos, ¿se lo puede creer alguien?

EL CUENTO CHINO DE LAS ELÉCTRICAS - 26/12/2013

Llevamos varios días mareando la perdiz del precio de la luz, de la subasta de las eléctricas, el Gobierno por medio para fijar el precio, que si la subasta ha sido un fraude, que si no se respeta la ley de libre mercado; pero el caso es que nos va a costar más cara la luz desde primeros de año. Un montaje, ruido y parafernalia que siempre termina del mismo modo: los ciudadanos pagan y pagan más, algo incomprensible cuando los salarios son recortados a cada momento por orden gubernamental y por tanto hay menos poder adquisitivo. Me pregunto si el Gobierno no tiene la misma autoridad para prohibir una subida de luz y precios en general, puesto que sus ciudadanos no se lo pueden permitir en momentos, como estos, de vacas flacas.

Un Gobierno que mira por sus ciudadanos, al que le importan sus ciudadanos, legislaría a favor de estos y no sería permisivo con los abusos hacia los mismos, pero no lo hacen, son colaboradores de proceso del exprimido monetario que estamos sufriendo.

Un Gobierno se debe jugar el tipo por su pueblo, al que representa, que para eso se le ha votado, no para hacerle el juego a los banqueros, las multinacionales, etc., por tanto en el caso de la luz han de prohibir cualquier subida de precios puesto que los salarios menguan en lugar de subir anualmente; y si no consienten las eléctricas deberían orquestar una campaña para que nadie pagase su recibo mensual, respaldados por ellos, para que los ciudadanos sientan que sus Gobernantes le apoyan, que están de su lado.

Gobiernos anteriores han untado a las eléctricas, que están hartas de pregonar que venden la luz por debajo de costos, o sea, que les cuesta producirla más que el precio de venta, ¿cómo es que siempre obtienen beneficios?, es inexplicable y a pesar de ello con el Ministro Piqué obtuvieron mil millones de las antiguas pesetas. No contentas con esto, las eléctricas continúan reclamando cantidades de dinero ingentes para paliar el déficit o diferencia entre los costes y las ventas, todo es mentira, puro montaje para sacar perraje de todos lados, aunque siempre somos los mismos los que pagamos: los ciudadanos; bien a través del erario público, bien con nuestros recibos de consumos mensuales.

En este país se subvencionan las instituciones, las asociaciones, las empresas públicas y algunas privadas donde se colocan nuestros políticos una vez dejan la función pública. Como nuestros dirigentes parecen no valorar el dinero público, lo regalan como mejor les vienen en ganas o como más les vayan a rentar a corto o medio plazo.

Esta crisis está siendo muy injusta, principalmente, con los ciudadanos que somos los que con impotencia estamos acatando: las bajadas de sueldos, las pérdidas de pagas extraordinarias, los recortes en los servicios de sanidad y educación, las pérdidas de los puestos de trabajo, los despidos a bajo coste para el empresario, la subida de precios, las subidas de impuestos, los desahucios porque el Gobierno no es capaz de exigir a los bancos que apliquen la dación en pago, pero bien que le inyecta a estas entidades privadas los miles de millones de euros.

La justicia está amañada por el Gobierno, ¿cuándo se ha visto a los fiscales defendiendo a los presuntos delincuentes, en lugar de acusarles?, se han convertido en abogados defensores, el Gobierno indulta a personas afines y amiguetes juzgados y condenados, lo que es un agravio comparativo hacia el resto de los ciudadanos. La ley nunca ha sido más desigual en España que en estos momentos de ruina a todos los niveles, y no voy a seguir porque es lamentable y no terminaríamos nunca. El que no sirva, que lo está demostrando y que dice que ganaría más en la empresa privada, que por favor se marche y no siga deteriorando el país o, sustrayendo dinero público.

INDICE